Breuer · 1000 Farben auf Wolle und Seide

Gabriele Breuer

1000 Farben auf Wolle und Seide

Ein Anleitungsbuch zum Färben mit Säurefarbstoffen im Mikrowellengerät

MaroVerlag

Inhaltsverzeichnis

Vorwort

„Wozu eigentlich selber färben?“, werden Sie sich vielleicht fragen. Schließlich hält der Handel eine kaum überschaubare Vielfalt an bereits gefärbten Garnen in allen Stärken und Materialzusammensetzungen bereit, eine beeindruckende Auswahl an leuchtend bunten Fasern zum Filzen und Spinnen, schillernde Seidentücher in allen Farben des Regenbogens. Möglicherweise jedoch ist es Ihnen auch schon ebenso ergangen wie mir: Steht man staunend vor den gefüllten Regalen oder studiert zu Hause die gelieferten Farbkarten, zeigt sich schnell, dass selbst innerhalb einer umfangreichen Palette von 80 oder 100 verschiedenen Farben oft just diejenige Nuance fehlt, die man sich eigentlich vorgestellt hatte und die einem für das nächste Projekt unverzichtbar erscheint. Wenn man bedenkt, dass das menschliche Auge wohl mindestens 10000 Farbtöne deutlich voneinander unterscheiden kann, werden diese bedauerlichen „Lücken“ im Angebot erklärlich: Die Welt der Farbe ist zu vielfältig und unsere Farbwahrnehmung ist zu differenziert, als dass eine unter wirtschaftlichen Gesichtspunkten vertretbare, sich notwendigerweise beschränkende Farbauswahl durch Hersteller und Handel das gesamte Spektrum auch nur annähernd abdecken könnte!

In diesem Sinne soll das vorliegende Buch „Hilfe zur Selbsthilfe“ leisten. Ich möchte Sie einerseits mit den technischen Aspekten des Färbens mit Säurefarbstoffen, in erster Linie im Mikrowellengerät, vertraut machen, sodass Sie in der Lage sein werden, Garne und Fasern schonend, dauerhaft und reproduzierbar einzufärben. Mindestens genauso wichtig erscheint es mir jedoch, grundlegende Kenntnisse der Farbenlehre und des gezielten Mischens von Farben zu vermitteln. Mit etwas Übung und Erfahrung auf diesem Gebiet werden Sie nämlich Ihre ganz persönlichen Farbvorstellungen genau umsetzen und sich von den Beschränkungen des kommerziellen Angebots unabhängig machen können. Dass das Selberfärben auf diese Art und Weise nicht nur Ihre Gestaltungsmöglichkeiten enorm erweitert, sondern auch Ihre Sensibilität für Farben schärft und – nicht zuletzt – einfach Spaß macht, werden Sie sicher feststellen, sobald Sie Ihre erste Probe aus der Mikrowelle nehmen. Fangen Sie an!

Theoretische Grundlagen

1. Säurefarbstoffe

Die Säurefarbstoffe, mit denen wir färben, sind synthetisch hergestellte Substanzen in Pulverform. Sie färben in wässriger Lösung, wobei für das Aufziehen der Farben und das Fixieren auf der Faser zwei Bedingungen erfüllt sein müssen:

- die Anwesenheit von Säure und
- Hitze.

Säure

Als Säurekomponente benutzen wir Essig, und zwar – aus praktischen Gründen und wegen der Kostenersparnis – in seiner konzentrierteren Form, als Essigessenz. Normaler Haushaltsessig hat 5 – 6% Säure, Essigessenz dagegen 25%, das heißt, wir müssen von der Essigessenz nur ungefähr ein Fünftel der Menge zusetzen, die wir vom Haushaltsessig bräuchten. Insgesamt sind übrigens die Säurekonzentrationen, die wir in unseren Färbelösungen erreichen, geringer als in einer herzhaften Salatsoße, es ist also meines Erachtens nicht unbedingt nötig, etwa anfallende Reste vor dem Ausgießen in den Abfluss zu neutralisieren, wie manchmal empfohlen wird.

Hitze

Die Hitzefixierung von Säurefarbstoffen kann auf ganz unterschiedliche Weise erfolgen: durch Köcheln in Farblösung, durch Fixieren in strömendem Wasserdampf oder durch Erhitzen der bemalten Fasern im Mikrowellengerät. In allen Fällen ist die ausreichende Einwirkung von feuchter Hitze das Entscheidende: Die Fasern können aufquellen, und die chemische Reaktion kann stattfinden.

Gegenüber den sonstigen Methoden, die in Kurzform in einem späteren Kapitel beschrieben werden, hat das Fixieren im Mikrowellengerät grundsätzliche Vorteile:

- Da das feuchte Fixiergut durch die Mikrowellen von innen heraus erhitzt wird, genügen vergleichsweise kurze Fixierzeiten, üblicherweise 3 x 5 Minuten. Die langen Aufheizzeiten, die bei anderen Verfahren notwendig sind, entfallen hier weitgehend.
- Da die Fasern zwar feucht sein müssen, aber nicht in einer Lösung schwimmen, können wir sie in verschiedenen Farben abschnittsweise bemalen, ohne dass sich diese Farben unkontrolliert vermischen, wie es beim Köcheln in Lösung unweigerlich der Fall wäre. Besonders dieser unbegrenzten Gestaltungsfreiheit wegen ziehe ich die

Hitzefixierung in der Mikrowelle den anderen Fixiermethoden in den meisten Fällen vor und beschreibe sie in diesem Buch als Standardmethode.

Chemie für Wissbegierige

Bei den Säurefarbstoffen der Firma Ashford handelt es sich teilweise um Säurefarbstoffe im engeren Sinne, teilweise auch um bestimmte Metallkomplexfarbstoffe, die unter denselben Bedingungen wie diese reagieren und mit ihnen problemlos gemischt werden können. Daher laufen bei unseren Färbungen mehrere unterschiedliche Reaktionsmechanismen parallel zueinander ab. Exemplarisch will ich Ihnen zeigen, wie sich ein „klassisches" Säurefarbstoffmolekül an die zu färbende Faser bindet, nämlich im Zuge einer einfachen Salzbildung.

Säurefarbstoffe färben Proteinfasern, das heißt Fasern, die aus Eiweißstoffen aufgebaut sind. Diese Eiweiße, zum Beispiel das Keratin der Tierhaare oder das Fibroin der Seidenkokonfäden, tragen in ihren langen Molekülketten basische Seitengruppen „-NH_2":

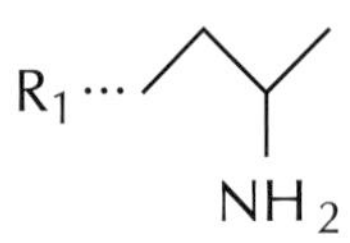

An dieser Stelle reagieren sie mit den organischen Farbstoffmolekülen, die zum Beispiel als Sulfonate vorliegen:

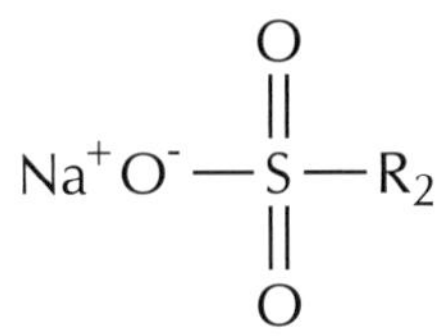

Für diese Reaktion sind, wie aus dem Schaubild ersichtlich, Säure und Hitzeeinwirkung erforderlich:

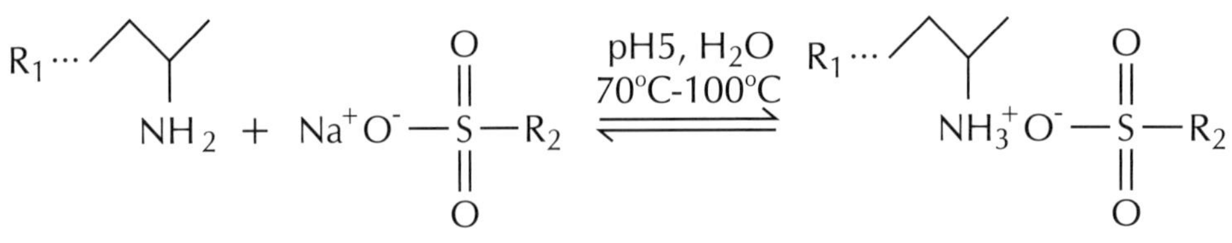

2. Zu färbendes Material

Wie die Darstellung des chemischen Färbevorgangs zeigt, können mit Säurefarbstoffen Eiweißfasern (Proteinfasern) gefärbt werden. Das sind vor allem:

- Schafwolle,
- Edelhaare, zum Beispiel Alpaka, Lama, Kamel, Mohair, Kaschmir, Angora,
- sonstige Tierhaare, zum Beispiel von Hunden, Katzen, Pferden,
- Seide, zum Beispiel Maulbeerseide, Tussahseide und andere Wildseiden,

aber auch Leder, Federn, ... und unsere eigene Haut und Nägel – deshalb tragen wir beim Färben Schutzhandschuhe.

Auch die sogenannte Soja-Seide (Soybean Fibre), eine chemisch aus den Abfällen der Tofuproduktion hergestellte Proteinfaser, lässt sich wie Seide färben.

Die einzige für uns verwendbare synthetische Faser ist aufgrund einer entsprechenden chemischen Struktur Polyamid (Nylon). Daher bietet die handelsübliche Sockenwolle mit einer Zusammensetzung von 75% Schurwolle und 25% Polyamid beim Färben keine Schwierigkeiten. Wie auch die meisten synthetischen Fasern reagieren insbesondere alle Zellulosefasern nicht in der gewünschten Weise mit Säurefarbstoffen, lassen sich also nicht kontrolliert anfärben.

- Für Baumwolle, Leinen, Hanf und Ramie müssen andere Farbstoffklassen, zum Beispiel Reaktivfarben, verwendet werden.

In welcher Gestalt wir unsere Proteinfasern färben, ist uns überlassen; lediglich die Größe des Mikrowellengeräts beziehungsweise der zum Fixieren benutzten Gefäße setzt uns gewisse Grenzen. Wolle im Kammzug, als Kardenband oder im Vlies, Locken (einigermaßen sauber und entfettet), Seide im Kammzug oder noch im ursprünglichen Faserverbund (Caps zum Beispiel), gesponnenes Garn, kleinere Filzteile, dünne Tücher aus Wolle oder Seide – alles ist möglich!

3. Sicherheit

Beim Umgang mit chemischen Stoffen sollte man einige Vorsichtsmaßregeln beachten; grundsätzlich gilt immer:

- Am Arbeitsplatz nicht essen, rauchen oder trinken. Wie schnell verwechselt man im Eifer des Gefechts das Saftglas mit dem daneben stehenden Farbbecher!
- Auf Kinder oder Haustiere achten, die sich unverhofft „einmischen“ könnten; alles außerhalb ihrer Reichweite aufbewahren!
- Alle Gefäße korrekt etikettieren, insbesondere zur Aufbewahrung; keine Gefäße zum Abfüllen von Farben oder anderem Bedarf benutzen, die zur Verwechslung des Inhalts mit Lebensmitteln, zum Beispiel Limonade, führen könnten!

Darüber hinaus sollten Sie zu Ihrer eigenen Sicherheit folgende konkrete Maßnahmen treffen, wenn Sie mit Säurefarbstoffen färben:

Um eine Reizung der Atemwege oder gar allergische Reaktionen durch eventuelles Einatmen des feinen Farbpulvers beim Anrühren der Lösungen zu vermeiden, tragen Sie bei diesem Arbeitsschritt eine einfache Staubmaske. Sie ist in jedem Baumarkt erhältlich. Sobald das Pulver gelöst ist, kann sie wieder abgesetzt werden.

Schützen Sie Ihre Hände mit Plastikhandschuhen; ich empfehle die etwas dickeren sogenannten „Spülhandschuhe", weil sie im Unterschied zu Einweghandschuhen auch einen gewissen kurzzeitigen Schutz vor Verbrühungen, beispielsweise durch austretenden Dampf aus den Mikrowellengefäßen, bieten.

Denken Sie daran, wenn Sie sehr dicht schließende Mikrowellengefäße (zum Beispiel Kochgeschirre) benutzen, dass sich unter Umständen beim Erhitzen im Innern ein Überdruck bilden kann; öffnen Sie solche Gefäße mit besonderer Vorsicht und benutzen Sie sie den Verwendungshinweisen des Herstellers entsprechend. (Manchmal wird beispielsweise empfohlen, den Deckel beim Kochvorgang nur aufzulegen und *nicht* fest zu verschließen.)

Vermeiden Sie, die beim Fixieren entstehenden Dämpfe einzuatmen, und arbeiten Sie bei guter Belüftung. Ideal wäre es, wenn Sie Ihr Mikrowellengerät etwas abseits Ihres Färbeplatzes, etwa an einem Fenster, aufstellen könnten.

Benutzen Sie alle Gegenstände, die mit den Farben auf irgendeine Weise in Berührung kommen, anschließend nicht mehr für Lebensmittel. Trennen Sie Ihr Färbezubehör (Gefäße, Messbecher, Löffel etc.) von Ihren sonstigen Küchenutensilien.

Sie sollten sich ein eigenes Mikrowellengerät für Ihre Färbewerkstatt reservieren, in dem keine Speisen mehr zubereitet werden. Für unsere Zwecke sind schon die allereinfachsten Geräte ausreichend, wie sie vor zwanzig Jahren üblich waren, eine Leistungsstufe von 500 – 600 Watt und eine Zeitschaltuhr genügen. Durchforsten Sie die Speicher in Ihrem Bekanntenkreis!

Verwenden Sie Essigessenz mit haushaltsüblicher Vorsicht; sie ist stark sauer. Vermeiden Sie Augen- und Hautkontakt.

Tragen Sie beim Färben „alte" Kleidung und Schuhe; wie bereits erwähnt, wird auch Leder dauerhaft eingefärbt.

Wenn Sie einige dieser Sicherheitsmaßnahmen vorerst noch scheuen, insbesondere die Anschaffung eines eigenen Mikrowellengeräts, von Gefäßen, Messbechern usw., wäre eine Möglichkeit für Sie, zunächst einmal mit Lebensmittelfarben zu färben. Da diese auf ihre Ungiftigkeit hin ausgesucht sind, entfällt in diesem Fall die Notwendigkeit, Küchen- und Färbeutensilien zu trennen. Auch für das Färben mit Kindern würde ich, wenn überhaupt, diese Farben empfehlen. Kapitel 16 ab Seite 68 informiert Sie ausführlicher über dieses Thema.

Vorbereitungen zum Färben

Hier finden Sie einige Tipps und Hinweise dazu, welche Geräte und welches Zubehör benötigt werden und wie Sie sich Ihren Färbeplatz zweckmäßig vorbereiten.

4. Zubehör

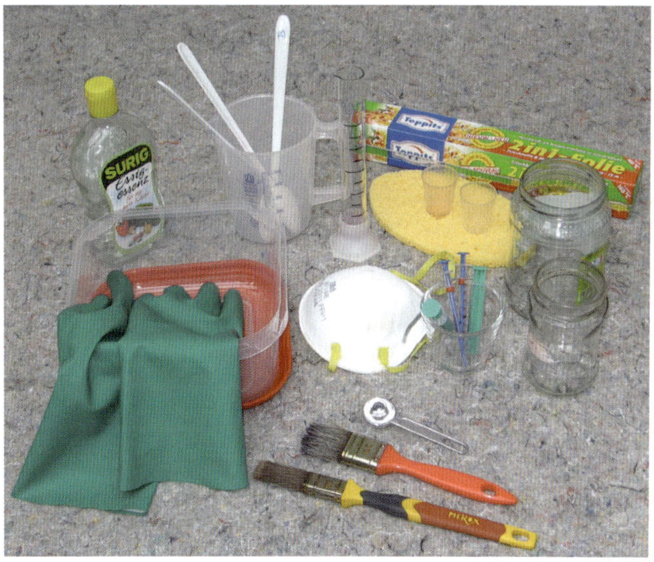

Abbildung 1: Zubehör

Sie brauchen:

1. Ein Mikrowellengerät zum Fixieren der Farbe
   Wie schon erwähnt, genügt die einfachste Variante mit 500 – 600 Watt Leistung und einer Zeitschaltuhr. Grill-Programme oder Ähnliches dürfen ohnehin auf keinen Fall verwendet werden. Stellen Sie es an einem gut belüfteten Ort auf.

2. Mindestens ein großes mikrowellengeeignetes Plastikgefäß mit Deckel
   In diesem Gefäß werden die Fasern nach dem Bemalen fixiert, sein Volumen begrenzt daher die Menge an Färbegut, die Sie in einem Arbeitsgang fertigstellen können. Sehr bewährt haben sich die als wiederverwendbar und mikrowellentauglich deklarierten Kunststoffverpackungsdosen für Muffins oder Kekse, die in verschiedenen Handelsketten immer wieder angeboten werden. Wenn sich irgendein Nicht-Färber in Ihrer Umgebung für den Inhalt begeistern kann, fällt die Anschaffung noch

leichter ... Selbstverständlich können Sie aber auch jedes gewöhnliche Mikrowellen-Kochgeschirr verwenden.

3. Mikrowellengeeignete, also hitzebeständige, Folie
   In diese Folie werden die bemalten Fasern eingepackt, bevor sie in das Fixiergefäß gegeben werden. So wird erstens die Feuchtigkeit in den Fasern besser gehalten und damit die Fixierung sicherer, zweitens verhindert die Folie das Abfärben unterschiedlicher Farbpartien aufeinander. Ich benutze eine im Supermarkt erhältliche Folie, die als „mikrowellentaugliche Frischhaltefolie" bezeichnet wird. Folgen Sie bei der Verwendung den Hinweisen des Herstellers; manche Folien sollten vor dem Erhitzen mit einem spitzen Gegenstand vorsichtig eingestochen werden, damit Wasserdampf entweichen kann, der sonst die Folie unter Umständen platzen lassen würde. Andere Fabrikate sind bereits mit Mikroporen versehen.

4. Messgefäße in verschiedenen Größen
   Streng genommen werden Säurefarbstoffe nach Gewicht dosiert, das heißt, es wird ausgerechnet und dann abgewogen, wie viel Gramm an Farbstoffpulver und wieviel Säure für eine bestimmte Fasermenge gebraucht wird. Es ist jedoch sehr viel einfacher und für unsere Zwecke vollkommen ausreichend, diese Mengen nach einem Standardrezept, also für alle Farbstoffe gleich, mit Messbechern und Messlöffeln über eine Volumendosierung zu bestimmen. Wir müssen so weder wiegen noch rechnen.

   Als Mindestausstattung sollten Sie einen 5 ml Messlöffel und einen Messbecher mit Einteilung bis zu 200 ml haben.

   Geeignet sind Küchenmesslöffel-Sets aus dem Haushaltswarengeschäft, ausgediente Dosierlöffel oder -becher aus Arzneimittel- oder Waschmittelpackungen, natürlich auch einfaches Laborzubehör, wie es beispielsweise zur Herstellung von Kosmetika angeboten wird. Besonders praktisch finde ich kleine Plastik-Schnappdeckelbehälter aus dem Seidenmalbedarfshandel (Bezugsquellenhinweis S. 78). Sie fassen 30 ml und haben eine Milliliter-Skaleneinteilung. Sie können zum Abmessen der Essigessenz, zum gezielten Mischen von Farbtönen nach Volumenanteilen aus den Standardfarblösungen und auch zur kurzzeitigen Aufbewahrung kleiner Farbreste verwendet werden. Sehr genau und bequem lassen sich kleine Mengen an Farblösung mit Einwegspritzen aus der Apotheke dosieren (ohne Kanüle). Für das tropfenweise Mischen von Farblösungen sind 1ml-Pipetten aus Glas oder Plastik nützlich.

5. Pinsel zum Auftragen der Farbe
   Um sich das ständige Auswaschen zu ersparen, sollten Sie mehrere Pinsel zur Verfügung haben; es genügen 2 bis 3 cm breite Flachpinsel aus dem Baumarkt. Auch Schaumstoffpinsel sind geeignet. Benutzen Sie keine teuren Aquarell- oder Seidenmalpinsel!

6. Zahlreiche saubere Konservengläser mit passendem Deckel
   Es ist günstig, Gläser in mehreren Größen zu sammeln:
   a) 1-Liter-Gläser für das Anrühren und Aufbewahren der Standard-Lösungen,
   b) Marmeladengläser (450 ml) für eigene Farbmischungen und
   c) kleine Gläschen für Farbreste.

7. Essigessenz (ungefärbt)
   Wie bereits beschrieben, handelt es sich hierbei um eine synthetisch hergestellte fünffach konzentrierte Form des Essigs. Sollten Sie einmal keine Essigessenz zur Verfügung haben, können Sie stattdessen natürlich auch normalen Haushaltsessig benutzen, müssen allerdings die fünffache Menge einsetzen und die Zugabe von Wasser entsprechend reduzieren. Dieses Alternativrezept wird in Kapitel 6 im Abschnitt „Standard-Farblösung" auf S. 12 beschrieben.

8. Die bereits erwähnte Staubmaske aus dem Baumarkt und langstielige Löffel zum Anrühren der Farben

9. Zeitungspapier, ein ausrangiertes weißes Laken, Abdeckfolie, alte Handtücher und einen aufgeschnittenen Pappkarton

Mit diesem Material richten wir unseren eigentlichen Färbeplatz ein.

5. Arbeitsplatz

Wählen Sie eine Tischfläche in bequemer Arbeitshöhe und mit guter Beleuchtung (Tageslicht), möglichst in der Nähe von Waschbecken und Wasserhahn. Diese Tischfläche wird mit einer dicken Lage Zeitungspapier bedeckt, die im Notfall Farbe, die unter die Folienabdeckung läuft, aufsaugen soll. Fast jeder stößt irgendwann einmal ein Farbgefäß um, und manchmal hat eine Folie Löcher, die wir nicht sofort bemerken. Über diese Zeitungsschicht wird ein weißes Laken ausgebreitet, um für das Bemalen einen hellen und optisch neutralen Hintergrund zu haben. Als oberste Schicht folgt eine durchsichtige Abdeckfolie, wobei ich eine etwas dickere Folie bevorzuge, die in der Handhabung angenehmer ist als die ganz dünne Malerfolie und immer wieder verwendet werden kann.

An einem Ende des Tisches stellen wir einen großen Pappkarton mit der Öffnung nach vorne auf, dessen oberen Deckel wir seitlich so weit einschneiden und nach oben wegklappen, dass wir innerhalb des Kartons eine gewisse Bewegungsfreiheit und Übersicht haben.

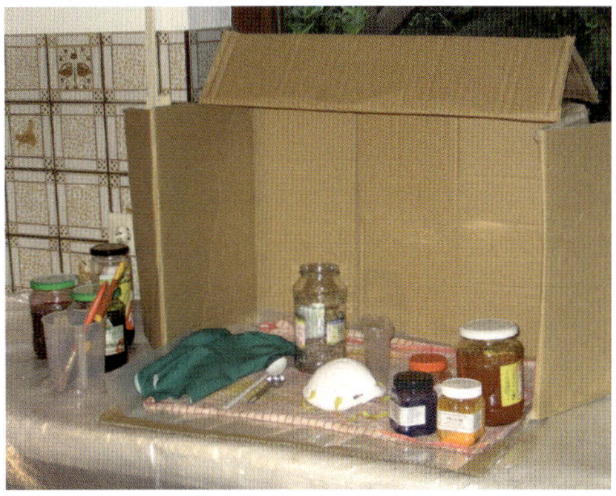

Abbildung 2: Karton zum Anrühren der Farblösung

Auf den Boden dieses Kartons legen wir ein passend zugeschnittenes Stück Plastikfolie und darüber ein ausrangiertes Küchenhandtuch, das wir anfeuchten. Innerhalb des Kartons werden wir später das Farbpulver zum Anrühren der Standardlösungen abmessen und es in die vorgesehenen Konservengläser geben. Diese Farbpulver sind äußerst fein und „flugfreudig“; die Wände des Kartons verhindern, dass Ihnen das Farbpulver vom Messlöffel geweht wird, wenn beispielsweise jemand plötzlich den Raum betritt oder schnell an Ihnen vorbeigeht. Das feuchte Tuch auf dem Boden des Kartons bindet sofort jedes etwa herabfallende Farbkörnchen, zum Beispiel aus den Deckeln der Farbdosen, wenn Sie diese öffnen. Sie werden sich wundern, wie bunt dieses Tuch am Ende eines Färbenachmittags geworden ist!

Wie Sie sehen, bemühen wir uns nach Kräften, unerwünschte „Einfärbungen“ unserer Umgebung zu vermeiden, und bei der hier beschriebenen Vorgehensweise ist dies auch problemlos möglich. Ich selbst habe über mehrere Jahre hinweg in einer nur wenige Quadratmeter großen und dazu weißen Küche gefärbt. Sollte dennoch einmal ein Unglück passiert sein, helfen möglicherweise folgende Tipps zur Beseitigung:

- Farbflecken auf Kleidungsstücken können mit handelsüblichem Entfärber gemildert werden, falls die Textilien diese Prozedur vertragen.
- Kunststoffoberflächen und Kacheln lassen sich meist mit einem milden Haushalts-Scheuermittel säubern; in Kachelfugen allerdings sind Verfärbungen oft dauerhafter.
- Farbflecken an meinen Händen bekämpfe ich mit der Handwaschpaste Reduran® Spezial, wenn meine weiteren Pläne für den Abend dies erfordern …
  Reduran® Spezial Paste ist im Seidenmalbedarfshandel erhältlich (siehe Bezugsquellenhinweise auf S. 78).

Nach all diesen Vorbereitungen sind Sie nun bestens gerüstet für den praktischen Einstieg in die Welt des Färbens.

Praxis – Grundlagen

6. Einstieg – Der zwölfteilige Farbkreis

In den bisherigen Kapiteln haben Sie einige grundlegende Dinge über das Färben mit Säurefarbstoffen erfahren, über ihre Eigenschaften und Verwendungsmöglichkeiten, über ihre Handhabung und über die Ausrüstung, die wir zum Färben benötigen. Diese Angaben gelten für die Klasse der Säurefarbstoffe im Allgemeinen.

In der Praxis müssen wir uns für das Farbstofffabrikat eines Herstellers entscheiden. In Deutschland sind die Farben der Firma Ashford, Neuseeland, verbreitet und über den Fachhandel (Firma Traub in 73650 Winterbach, Firma Wollknoll in 74420 Oberrot-Neuhausen, siehe S. 78) jederzeit leicht erhältlich, sodass ich diese Farben benutze. Alle Beispiele in diesem Buch sind so gefärbt, wenn nicht anders vermerkt, und auch meine Anleitungen und Rezepte sind für diese Farben konzipiert. Das heißt jedoch nicht, dass Sie Säurefarbstoffe anderer Hersteller nicht entsprechend verwenden könnten; bitte lesen Sie am Ende dieses Kapitels (ab S. 18) nach, wie Sie in diesem Fall vorgehen sollten.

Wie Sie wahrscheinlich wissen, wurden im Lauf der Geschichte zahllose Versuche unternommen, eine „Ordnung", ein System, in die Welt der Farben zu bringen. Je nach Kenntnisstand und Zielsetzung der Verfasser entstanden ganz unterschiedliche Modelle, teilweise eher metaphysisch begründet, teilweise eher theoretisch-physikalisch orientiert (Newton) oder auch an der Praxis ausgerichtet.

Ein Farbordnungsmodell dieser letzten Kategorie, ein zwölfteiliger Farbkreis, ist für unsere Zwecke sehr gut geeignet. Einen ähnlichen Farbkreis legte der Bauhaus-Lehrer Johannes Itten seinem Unterricht zugrunde; Harald Küppers wandelte ihn ab und schuf damit eine Voraussetzung für heutige moderne Druckverfahren.

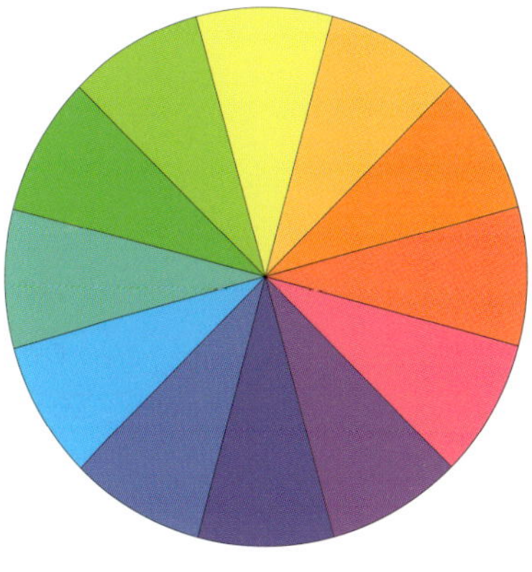

Abbildung 3: Der Farbkreis

Zwölf Farbtöne, wie Kuchenstücke angeordnet, teilen sich die Kreisfläche. Diese Farben bilden einen in sich geschlossenen Verlauf, denn jede Farbe vermittelt sozusagen optisch zwischen ihren Nachbarn zur linken und zur rechten Seite; sie liegt also nicht nur in dieser geometrischen Anordnung, sondern auch in ihrem Farbton zwischen ihnen. Wir empfinden diesen Ablauf als Kontinuum.

Jeweils im 120°-Abstand, also auf den Dritteln des Kreisumfangs, liegen die sogenannten „Primärfarben" Gelb, Magenta und Cyan.

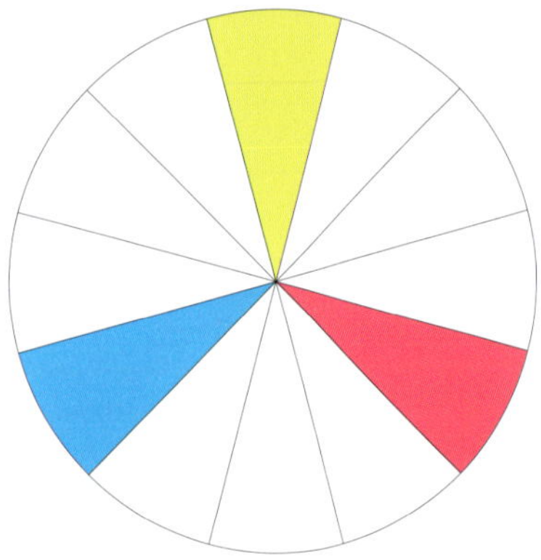

Gelb: ein klares, zitroniges Gelb ohne Rotanteil

Magenta: ein kühles, pinkstichiges Rot

Cyan: ein helles Blau mit Tendenz zu Türkis

Abbildung 4: Die Primärfarben

Diese Farben werden Primärfarben genannt, genauer gesagt, „Primärfarben der subtraktiven Farbmischung", denn um eine solche handelt es sich bei unserer Art des Färbens.[1] Sie sind selbst reine, ungemischte Farben, und aus ihnen können, zumindest theoretisch, alle übrigen Farbtöne durch bloßes Mischen erhalten werden.

Da der eigentliche Primärfarbton Cyan im Sortiment der Firma Ashford, deren Farben wir benutzen werden, nicht vorkommt, ersetzen wir im Folgenden Cyan durch Blau. Auch das Farbpulver „Hot Pink", das wir für Magenta einsetzen, trifft nicht ganz genau den klassischen Magenta-Ton.

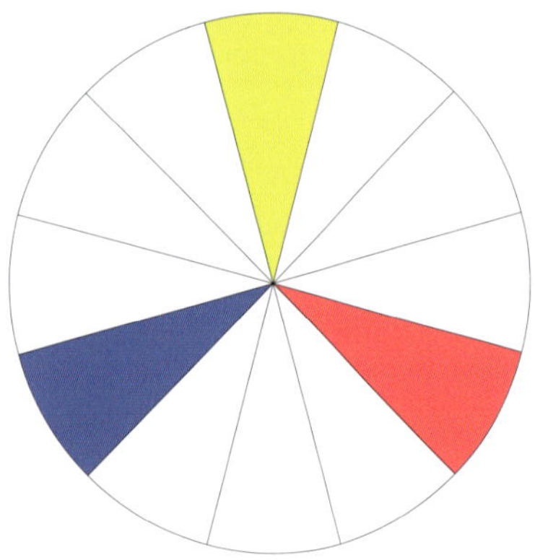

Ashford „Yellow"

Ashford „Hot Pink"

Ashford „Blue"

Abbildung 5: Unsere Primärfarben

Dadurch sieht unser spezieller Farbkreis im Bereich zwischen Magenta und Grün etwas anders aus, als es der Theorie entspricht, und bei genauem Vergleich unseres Farbkreises

[1] Wer sich einmal näher mit der Farberzeugung und -darstellung in verschiedenen Medien beschäftigt hat, weiß, dass beispielsweise auch im Bereich des Farbdruckes die Gesetze der subtraktiven Farbmischung gelten. Für die Farbdarstellung mittels Lichtquellen, etwa am Bildschirm, gelten hingegen die Prinzipien einer additiven Farbmischung aus den Farben Rot, Grün und Blau („RGB-System"). Rot, Grün und Blau sind also die Primärfarben der additiven Farbmischung, Gelb, Magenta und Cyan die Primärfarben der subtraktiven Farbmischung.

mit Standard-Farbkreisen in der Fachliteratur werden Sie Unterschiede in Farbton und Farbbezeichnung feststellen. Unser Farbkreis bildet jedoch genau die konkreten Mischungsmöglichkeiten ab, die wir mit unseren Farben haben, und ist deshalb an unsere praktischen Bedürfnisse optimal angepasst.

Mischt man im Farbkreis benachbarte Primärfarben zu gleichen Teilen, entstehen drei sogenannte Sekundärfarben.

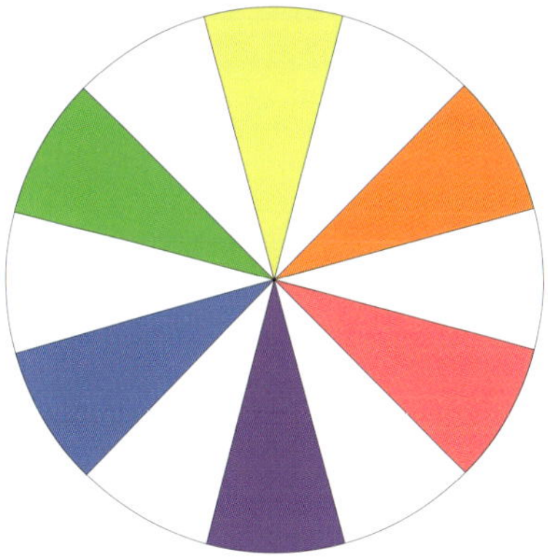

Gelb und Magenta: Orange

Magenta und Blau: Violett

Blau und Gelb: Grün

Abbildung 6:
Primär- und erste Sekundärfarben

Mischt man in einem weiteren Arbeitsschritt jeweils zwei im nunmehr sechsteiligen Farbkreis nebeneinander liegende Töne, immer eine Primär- mit einer Sekundärfarbe, erhält man sechs weitere Farben, die das zwölfteilige Schema komplett machen. Auch diese Farben heißen Sekundärfarben, da sie letztendlich nur Anteile von jeweils zwei Primärfarben enthalten.

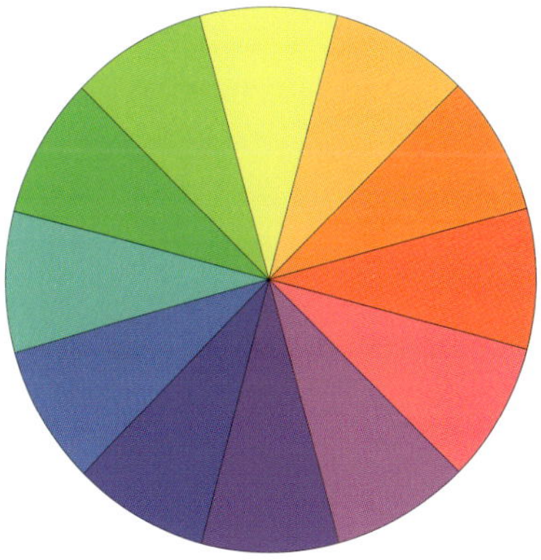

Gelb und Orange: Gelborange

Orange und Magenta: Rotorange

Magenta und Violett: Rotviolett

Violett und Blau: Blauviolett

Blau und Grün: Blaugrün

Grün und Gelb: Gelbgrün

Abbildung 7: Unser Farbkreis

Diese zwölf Farbtöne wollen wir nun auf Wolle färben und uns so unser individuelles Referenzmodell des Farbkreises schaffen, auf das wir später immer wieder zurückgreifen können. Hierbei sollen Sie sowohl erste Färbeerfahrungen sammeln als auch den Aufbau und die Gesetzmäßigkeiten des Farbkreises noch einmal praktisch nachvollziehen.

Wie wir bereits gelernt haben, benötigen wir als Ausgangssubstanzen nur die drei Primärfarben Gelb, Magenta und Blau. Die entsprechenden Farbnamen der Ashford-Palette sind „Yellow" (Gelb), „Hot Pink" (Magenta) und „Blue" (Blau). Wir brauchen also grundsätzlich nur diese drei Farben (und, für später, „Black" = Schwarz) zu kaufen!

Um die gewünschten Farbtöne gezielt und reproduzierbar mischen zu können, arbeiten wir mit Farblösungen, die wir nach einem immer gleichen Standardrezept von jeder Farbe herstellen. Da diese Lösungen erfahrungsgemäß mindestens einige Wochen haltbar sind, empfiehlt es sich, jeweils gleich die doppelte oder dreifache Menge des folgenden Standardrezeptes auf einmal anzusetzen. Beachten Sie bitte aber, wenn Sie später einmal Farblösungen benutzen, die schon seit einiger Zeit stehen, dass Sie sie zu Beginn jeder neuen Färbesitzung gründlich durchrühren, um einen eventuell gebildeten Bodensatz wieder gleichmäßig zu verteilen. Sollten Sie feststellen, dass sich größere Mengen eines Niederschlags am Boden Ihres Vorratsgefäßes zusammengebacken haben, ist es besser, diese Farbe neu anzusetzen.

Standard-Farblösung

Rezept:
5 ml Farbpulver + 200 ml Wasser + 6 ml Essigessenz

ergeben eine ungefähr 1-prozentige Farblösung (da 5 ml Farbpulver etwa 2 g entsprechen). Haben Sie einmal keine Essigessenz zur Hand, können Sie stattdessen

Rezept:
5 ml Farbpulver + 175 ml Wasser + 30 ml Haushaltsessig

verwenden.

Anleitung:
Setzen Sie Ihre Staubmaske auf und streifen Sie Handschuhe über. Öffnen Sie das Farbpulverdöschen innerhalb des vorbereiteten Kartons über dem angefeuchteten Handtuch und entnehmen Sie mit dem Messlöffel 5 ml Farbpulver, die Sie in ein geeignetes Konservenglas geben. Schließen Sie das Pulverdöschen sorgfältig und klopfen Sie ein wenig dagegen, um etwa anhaftende Farbreste auf das feuchte Tuch zu befördern. Stellen Sie das Döschen zur Seite. Nehmen Sie einen langstieligen Löffel und teigen Sie das Farbpulver mit einer kleinen Menge kalten Wassers sorgfältig an, bis keine Klümpchen mehr vorhanden sind. Geben Sie 200 ml heißes (nicht kochendes) Wasser portionsweise und unter Rühren hinzu. Messen Sie 6 ml Essigessenz ab, fügen Sie sie ebenfalls zu und rühren Sie um. (Jetzt können Sie die Maske wieder absetzen!) Sobald die Lösung abgekühlt und möglichst klar ist, kann sie zum Färben benutzt werden.

Nach dieser Vorschrift bereiten wir also in unseren 1l-Konservengläsern je eine Standard-Farblösung der Farben Yellow, Hot Pink und Blue zu, und zwar für jede Farbe das doppelte (10 ml Pulver, 400 ml Wasser, 12 ml Essigessenz) oder das dreifache Rezept (15 ml Pulver, 600 ml Wasser, 18 ml Essigessenz).

Diese Primärfarben-Standardlösungen sollten, genau wie die im weiteren Verlauf aus ihnen gemischten Farblösungen, mit Etiketten gekennzeichnet werden; wir beschriften sie mit ihren Namen, wie sie im Farbkreis erscheinen, also zunächst „Gelb", „Magenta" und „Blau". Sie werden bald sehen, dass insbesondere die gemischten Farbtöne sich im Glas auf den ersten Blick nicht mehr sicher identifizieren lassen.

Im nächsten Schritt mischen wir, wie in der Beschreibung des Farbkreises erklärt, jeweils zwei dieser Primärfarben zu gleichen Teilen. Die bereits erwähnten 30 ml – Plastikbecherchen sind hierfür sehr praktisch:

- 2 Becher (= 60 ml) Gelb + 2 Becher (= 60 ml) Magenta ergeben die Sekundärfarbe Orange,
- 2 Becher (= 60 ml) Magenta + 2 Becher (= 60 ml) Blau ergeben die Sekundärfarbe Violett,
- 2 Becher (= 60 ml) Blau + 2 Becher (= 60 ml) Gelb ergeben die Sekundärfarbe Grün.

Auch die Gefäße mit diesen Sekundärfarben werden entsprechend etikettiert.

Erinnern Sie sich nun mit Hilfe der Abbildung auf S. 11 daran, wie die restlichen Zwischenfarben zustande kommen: Wir mischen jeweils eine Primärfarbe mit einer ihr benachbarten Sekundärfarbe. Dieses Mal genügen uns kleinere Mengen, daher mischen wir:

- 1 Becher (= 30 ml) Gelb + 1 Becher (= 30 ml) Orange zu Gelborange,
- 1 Becher (= 30 ml) Magenta + 1 Becher (= 30 ml) Orange zu Rotorange,
- 1 Becher (= 30 ml) Magenta + 1 Becher (= 30 ml) Violett zu Rotviolett,
- 1 Becher (= 30 ml) Blau + 1 Becher (= 30 ml) Violett zu Blauviolett,
- 1 Becher (= 30 ml) Blau + 1 Becher (= 30 ml) Grün zu Blaugrün,
- 1 Becher (= 30 ml) Gelb + 1 Becher (= 30 ml) grün zu Gelbgrün.

Bitte vergessen Sie auch hier die Etiketten nicht!

Sie sollten nun zwölf verschiedene Farblösungen vor sich haben, die Sie ihrer Abfolge im Farbkreis entsprechend in einer Reihe nebeneinander anordnen können:

Den Anfang bildet Gelb, dann folgen Gelborange, Orange, Rotorange, Magenta, Rotviolett, Violett, Blauviolett, Blau, Blaugrün, Grün und als letztes Gelbgrün. Anfang und Ende gehören dabei natürlich zusammen, hier schließt sich der Kreis.

In dieser Reihenfolge tragen wir nun unsere zwölf Farbtöne auf ein Stück Merino-Kammzug auf und färben so unseren ersten Farbverlauf.

Wir wählen ein circa 1,5 m langes Stück eines weißen Merino-Kammzuges mittlerer Feinheit. (Besonders feine Qualitäten sind für unsere Anfangsversuche unnötig teuer und verfilzen unter Umständen auch zu schnell.)

Damit die Fasern die Farbe gut und gleichmäßig annehmen, müssen sie vor dem Bemalen grundsätzlich eingeweicht werden. Wir bereiten uns eine Spülwanne oder ein Becken mit handwarmem Wasser vor, dem wir etwas Geschirrspülmittel und einen Schuss Essigessenz zusetzen. Das Geschirrspülmittel hilft beim Benetzen der Wolle, und die Zugabe von Essigessenz stellt sicher, dass wir von Anfang an im schwach sauren Milieu arbeiten, was sowohl für unsere Fasern als auch für die spätere Färbung günstig ist.

Wir rollen den Kammzug über der Hand locker zusammen und tauchen das Knäuel vorsichtig unter. Wenn wir nach einigen Minuten sicher sind, dass alle Luft, die zwischen den Fasern gefangen war, entwichen ist, also die Wolle überall gut benetzt ist, nehmen wir unser Knäuel heraus und drücken es aus, sodass es nur noch leicht feucht ist. Wenn zuviel Wasser in den Fasern verbleibt, können sie später beim Bemalen nicht genügend Farbe aufnehmen. Wir breiten den Kammzug der Länge nach auf unserer Arbeitsfläche aus und versuchen, den Strang durch sanftes Ziehen an beiden Enden wieder zu glätten; dann zupfen wir ihn in Querrichtung etwas auseinander, damit er an jeder Stelle gut von Farbe durchdrungen werden kann. Bei aller Sorgfalt bemühen wir uns, dieses Hantieren mit der Wolle im feuchten Zustand auf ein Minimum zu beschränken; jede derartige mechanische Bearbeitung begünstigt das Verfilzen.

Wir teilen uns die Länge des Kammzugabschnitts in unserer Vorstellung in zwölf gleiche Teile ein und tragen die Farben des Farbkreises, eine nach der anderen wie oben beschrieben, mit Hilfe von Pinseln auf. Wenn Sie dabei von einer Farbe zur nächsten wechseln, sollten Sie Ihren Pinsel auf jeden Fall gut auswaschen und danach mit Küchenpapier trocken tupfen, sonst erhalten Sie verfälschte Ergebnisse. Stellen Sie sicher, dass die Farbe den Kammzug an jeder Stelle vollständig anfärbt und durchdringt, indem Sie auch die Rückseite kontrollieren und gegebenenfalls nachbearbeiten. Oft hilft es, die Farbe mit den Fingern (Gummihandschuhe!) vorsichtig in die Wolle zu drücken. Es ist eine Sache der Erfahrung, zu erkennen, welche Menge an Farbe an jeder Stelle aufgetragen werden muss: Bilden sich rechts und links des Stranges große Farbpfützen, arbeiten Sie zu nass. Sie verschwenden Farbe, und es besteht die Gefahr, dass ungewollt mehrere Farbtöne ineinander laufen. Tupfen Sie solche Pfützen mit Küchenpapier oder einem Schwamm ab. Das richtige Maß haben Sie gefunden, wenn sanftes Drücken des Strangs mit den Fingerspitzen Farbe austreten lässt, die dann aber wieder nahezu vollständig aufgesaugt wird, sobald Sie die Fasern loslassen. Die Wolle soll so mit Farblösung gesättigt sein, dass sie sie gerade noch halten kann.

Besonders gleichmäßig wird Ihr Farbverlauf, wenn Sie an jeder Farbgrenze durch vorsichtiges Drücken und Kneten eine harmonische Übergangszone schaffen. Auch direkt auf der Faser lassen sich Farbtöne mischen!

Sind Sie mit Ihrem Ergebnis zufrieden, muss die Färbung fixiert werden. Entfernen Sie dazu zunächst Farbpfützen oder Farbspritzer auf der Folie entlang des Stranges. Breiten Sie parallel zu Ihrem Strang eine Bahn der Mikrowellenfolie aus , die am Anfang und am Ende jeweils 10 cm übersteht. Betten Sie den Strang auf die Mikrowellenfolie um und packen Sie ihn sorgfältig darin wie in eine Wurstpelle ein. Drehen Sie die überstehenden Enden der Folie zum Verschließen zusammen. Legen Sie diese „Wurst" in Form einer lockeren Schnecke auf den Boden des Fixiergefäßes. Bei korrekter Handhabung verhindert die Folie ein Abfärben der verschiedenen Abschnitte des Farbverlaufs aufeinander. Schließen Sie den Deckel des Fixiergefäßes und fixieren Sie bei 500 – 600 W im Mikrowellengerät.

Wie Sie vielleicht wissen, sind Kochzeiten im Mikrowellengerät immer mengenabhängig, anders als beim Kochen auf dem Elektroherd. Für „normale" Füllmengen von 100 g Fasern genügen 3 x 5 Minuten Fixierzeit, für Mengen von 150 g bis 200 g – mehr passt kaum in ein Mikrowellengefäß – 3 x 6 – 7 Minuten, für kleine Proben wie in unserem jetzigen Fall 3 x 3 Minuten.

Das Aufteilen der Gesamtfixierzeit in drei Abschnitte ist notwendig, um zwischendurch zu kontrollieren, ob sich noch genügend Feuchtigkeit im Gefäß und im Fixiergut befindet. Anderenfalls könnte die Wolle an zu trockenen Stellen verbrennen. Erhitzen Sie daher nie Fasern in zu trockenem Zustand, und lassen Sie Ihre Proben beim Fixieren nicht unbeaufsichtigt, solange Sie noch sehr wenig Erfahrung haben. Beim Kontrollieren können Sie deutlich sehen, ob genügend Wassertröpfchen im Innern der Folienverpackung und an den Wänden des Gefäßes vorhanden sind. Nur in seltenen Fällen müssen Sie Ihr Fixiergut zwischendurch mit etwas Wasser besprengen, am ehesten, wenn Sie kleine Mengen fixieren. Durch fünfminütiges Unterbrechen des Fixiervorgangs bei jeder Kontrolle können Sie das Fixierergebnis zusätzlich verbessern – wenn Sie die dazu nötige Geduld aufbringen.

Wir lassen nach Ablauf der 3 x 3 Minuten, die wir dieses Mal fixieren, das Gefäß eine Weile ruhen. Vor dem Auswaschen sollte die Wolle zumindest auf 40 °C abgekühlt sein, dann lässt sich die Folie ohne Verbrühungsgefahr entfernen. Sie ist hart und unelastisch geworden, sodass sie nur ausnahmsweise ein zweites Mal benutzt werden kann.

Das Auswaschen erfolgt wiederum im Becken, nicht unter fließendem Wasser wegen der Filzgefahr. Zuerst verwenden wir handwarmes Wasser ohne Zusätze. Meistens ist von Anfang an kaum ein Ausbluten von Farbe sichtbar, da Säurefarbstoffe, im Gegensatz zu Reaktivfarbstoffen zum Beispiel, normalerweise fast vollständig aus der Farblösung an die Faser gebunden werden – ein weiterer Grund dafür, dass ich gerne mit ihnen arbeite! Lediglich ein großer Farbüberschuss beim Bemalen, der die Aufnahmefähigkeit der Faser übersteigt, führt zu anfangs stark verfärbtem Spülwasser, das dann entsprechend erneuert werden muss. Sobald keine Farbe mehr austritt, waschen wir die Wolle unter Zusatz von etwas Haar-Shampoo ein weiteres Mal und spülen mehrmals mit klarem Wasser nach. Wenn Sie dem vorletzten Spülwasser wieder etwas Essigessenz zusetzen, stablisieren Sie Ihre Färbung zusätzlich. Drücken sie die Wolle sanft aus und rollen Sie sie für einige Minuten in ein ausrangiertes Frotteehandtuch ein. Danach wird sie zum Trocknen aufgehängt. Vermeiden Sie direkte Sonneneinstrahlung, und decken Sie den Fußboden ab. Gerade Wollproben fangen nach einiger Zeit oft unerwartet zu tropfen an.

Natürlich können Sie jetzt schon einen Eindruck vom Ergebnis Ihrer Färbung gewinnen; die endgültige Beurteilung ist allerdings erst möglich, wenn die Probe vollständig getrocknet ist. Sie werden feststellen, dass die Farben im feuchten Zustand dunkler und auch etwas gedämpfter wirken als später, wenn sie trocken sind.

Am nächsten Tag wird Ihr Kammzug ungefähr so aussehen:

Abbildung 8: Farbkreis auf Merinowolle

Herzlichen Glückwunsch! Sie haben alle Farben des zwölfteiligen Farbkreises – und damit auch eine vollständige Regenbogenpalette – durch einfaches Mischen aus den drei Primärfarben Gelb, Magenta und Blau erzeugt. Je nachdem, wie gründlich Sie die Übergangszonen zwischen den einzelnen Farbabschnitten geknetet haben, sind vermutlich noch eine ganze Reihe weiterer Zwischenfarben entstanden, die im zwölfteiligen Farbkreis gar nicht ausdrücklich vorkommen. (Vergleichen Sie bitte die Abbildung auf S. 11 mit Ihrer Probe.)

Wir sehen, es handelt sich bei unserem Farbkreis eigentlich um ein Kontinuum, in dem nur einige Stationen sozusagen herausgehoben und mit eigenem Namen benannt sind. Zwischen diesen Stationen befindet sich eine unendliche Anzahl von Mischtönen, die wir mit Worten beschreiben und in den logischen Ablauf der Farbfolge einordnen können, etwa:

- Ein Sonnengelb – ein warmes Gelb, das seinen „zitronigen" Stich durch einen ganz kleinen Anteil von Magenta verloren hat. Es liegt im Farbkreis nahe bei Gelb, zwischen Gelb und Gelborange.
- Ein neutrales Rot – weder gelb- noch blaustichig. Es liegt zwischen Rotorange und Magenta und entsteht aus Magenta durch Zusatz von wenig Gelb.
- Ein Flaschengrün – ein kaltes Grün. Es liegt zwischen Grün und Blaugrün, entsteht also durch Zumischen von Gelb zu Blau, enthält aber weniger Gelbanteil als unser Grün und mehr als unser Blaugrün.

Versuchen Sie, weitere Beispiele zu finden!

Indem Sie Ihr analytisches Farbensehen trainieren und üben, Farbtöne, die Sie in Ihrer Umgebung wahrnehmen, daraufhin zu beurteilen, welche Primärfarben in welchen Anteilen in ihnen enthalten sind, gewinnen Sie im Lauf der Zeit eine große Sicherheit im gezielten Mischen von Farben. Lassen Sie sich aber bitte nicht entmutigen, wenn es Ihnen jetzt noch nicht gelingen sollte, gewisse Farbtöne in unserem bisherigen System unterzubringen; wir befinden uns hier erst am Anfang unserer Übungen.

Wenn Sie Lust dazu haben, stellen Sie sich aus einem kleinen Teil Ihrer ersten Färbeprobe einen zwölfteiligen Farbkreis „in Wolle" her, den Sie dann an Ihrem Färbeplatz als Gedächtnisstütze aufbewahren oder auch dekorativ von der Decke hängen lassen können. Übertragen Sie dazu die Vorlage von S. 17 auf ein Stück weißen Fotokartons und schneiden Sie die Kreisform aus. Knipsen Sie mit dem Bürolocher ein Loch in den äußeren Teil jedes Segmentes. Teilen Sie ein schmales Band von Ihrem gefärbten Kammzug seitlich der Länge nach ab und suchen Sie die zwölf passenden Farbabschnitte für unseren Farbkreis heraus. Zupfen Sie jeden Abschnitt zurecht, sodass Sie ihn als eine Art Locke in das Loch des entsprechenden Feldes einknoten können. Voilà!

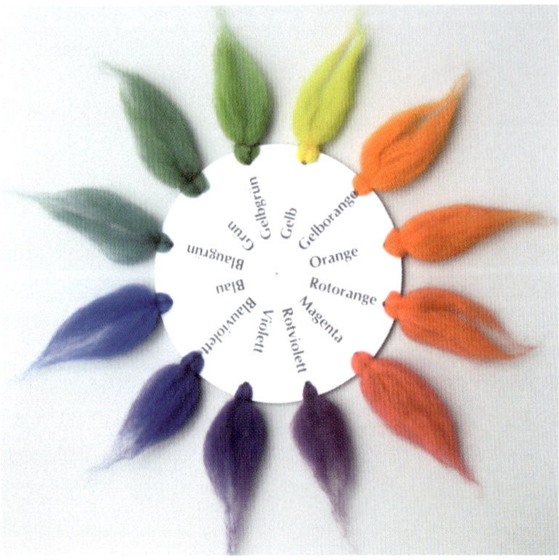

Abbildung 9: Unser Farbkreis-Modell

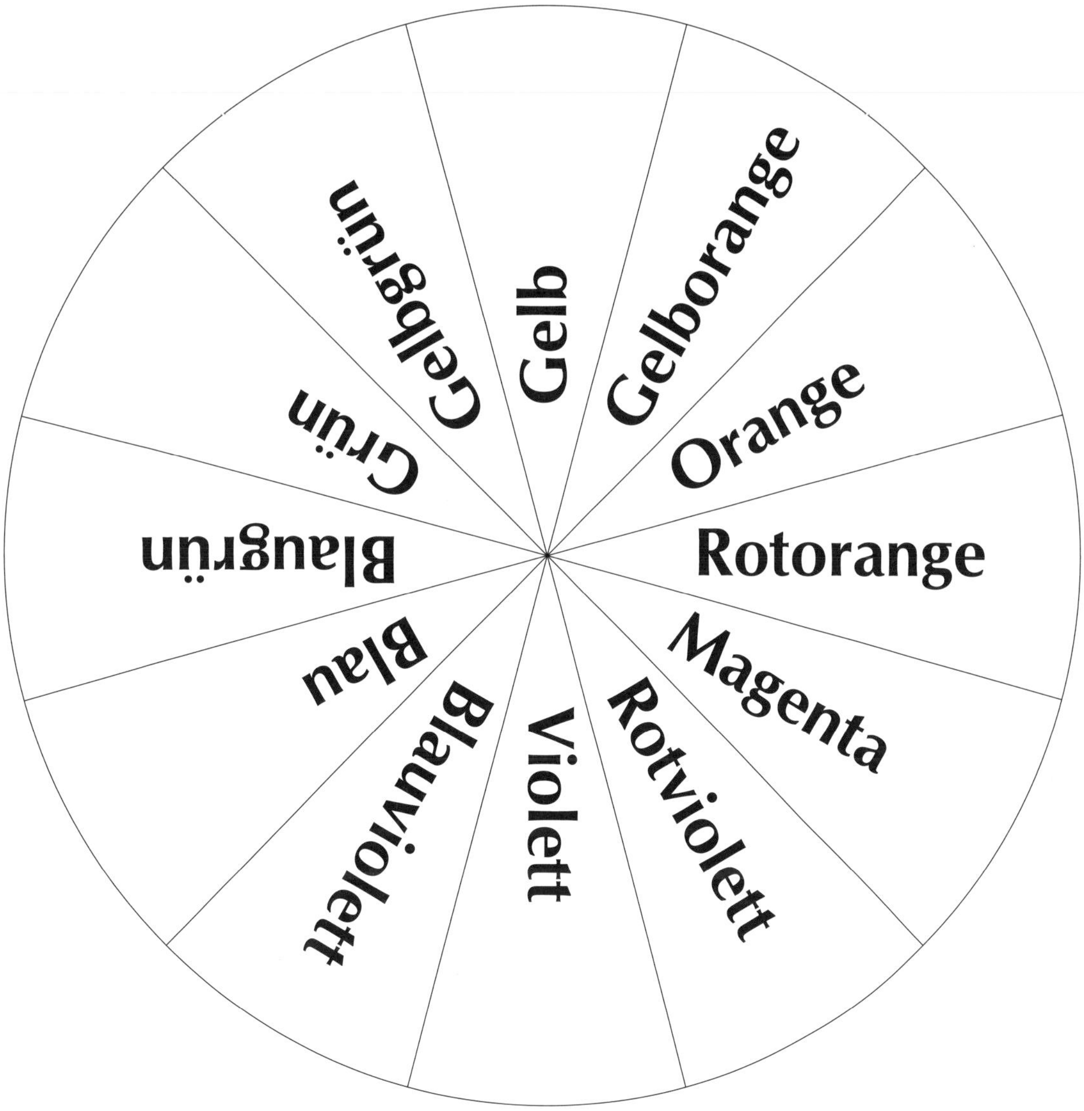

Abbildung 10: Farbkreis-Schablone

Ihr derart in der Praxis geschultes „kritisches" Farbensehen hat Ihnen inzwischen vermutlich schon eine kleine Besonderheit oder auch Unregelmäßigkeit in unserem Farbverlauf zu Bewusstsein gebracht:

Wir haben bei diesem ersten Färbeversuch, der Theorie folgend, auf jeder Stufe unsere jeweiligen Ausgangstöne im Verhältnis 1:1 gemischt, entweder 2 Becher von jeder Farbe oder 1 Becher von jeder Farbe. In der Praxis zeigt sich jedoch, dass die optische Wirkung eines Gelbanteils offensichtlich geringer ausfällt als die eines gleich großen Magenta- oder Blauanteils. Besonders deutlich sehen wir das an unseren Farbtönen Gelbgrün und Gelborange; beide bestehen zu drei Vierteln aus Gelb und nur zu einem Viertel aus Blau beziehungsweise Magenta, und trotzdem empfinden wir das Resultat als schon sehr weit vom Ausgangston Gelb entfernt. Salopp ausgedrückt, ist Gelb eine „schwache" Farbe. Um das in Zukunft auszugleichen, müssen wir beim Mischen unseren Gelbanteil auf ungefähr das Doppelte dessen erhöhen, was in der Theorie nötig wäre. In allen weiteren Farbmischrezepten in diesem Buch ist dieses Problem natürlich bereits berücksichtigt, und hier folgen die von mir entsprechend korrigierten Mischrezepte für den zwölfteiligen Farbkreis.

Farbkreis – Mischrezepte

Farbe	Gelb (Yellow)	Magenta (Hot Pink)	Blau (Blue)
Gelb	90 ml		
Gelborange	75 ml	10 ml	
Orange	60 ml	30 ml	
Rotorange	30 ml	45 ml	
Magenta		90 ml	
Rotviolett		45 ml	15 ml
Violett		30 ml	30 ml
Blauviolett		15 ml	45 ml
Blau			90 ml
Blaugrün	30 ml		45 ml
Grün	60 ml		30 ml
Gelbgrün	75 ml		10 ml

Wenn Sie in Zukunft diese abgeänderten Rezepte benutzen, werden Sie sehen, dass auf diese Weise gleichmäßigere Abstufungen im Bereich Grün/Gelb/Orange entstehen.

Verwendung von Säurefarbstoffen anderer Hersteller

Wenn Sie anstelle der „Ashford Wool Dyes" Säurefarbstoffe anderer Hersteller benutzen möchten, können Sie trotzdem alle Beispiele in diesem Praxisteil nachfärben, müssen allerdings eventuell kleine Abweichungen im Farbergebnis in Kauf nehmen und selber ein wenig experimentieren.

Suchen Sie sich als erstes anhand einer Farbkarte diejenigen Farbtöne aus, die bei diesem Hersteller den Primärfarben am nächsten kommen, also ein kaltes, zitroniges Gelb, ein Magenta (kühles Rot mit Pink-Tendenz) und ein helles, etwas türkisstichiges Blau, dazu Schwarz. Manche Hersteller markieren diese Primärfarben bereits in ihren Farbkarten oder nennen sie Ihnen auf Anfrage. Benutzen Sie dann diese Farben anstelle der von mir verwendeten Ashford-Töne Yellow, Hot Pink, Blue und Black.

Informieren Sie sich zweitens unbedingt beim Hersteller über die genaue Verwendungsweise seiner Farben, das Anrühren der Farblösungen, eventuelle Zusätze und insbesondere die Sicherheitsvorkehrungen, die er vorgibt. Halten Sie sich im Zweifelsfall immer an die Angaben des Herstellers.

---

7. Aufhellen und Abdunkeln

In diesem und in den folgenden Kapiteln wollen wir unsere bisher erworbenen Grundkenntnisse ausbauen. Wir werden nach und nach die uns zur Verfügung stehende Farbpalette erweitern und Erfahrungen mit anderen Wollsorten und Seide sammeln. Die praktische Vorgehensweise beim Färben, wie sie im ersten Kapitel in aller Ausführlichkeit geschildert wurde, bleibt dabei im wesentlichen gleich; nur in Einzelfällen können sich für bestimmte Arbeitsschritte Abweichungen ergeben, auf die dann entsprechend hingewiesen wird. Daher soll an dieser Stelle unsere Färbeanleitung noch einmal in Kurzform – zur Gedächtnisstütze – zusammengefasst werden:

- Fasern einweichen (40°, Spülmittel, ein Schuss Essigessenz)
- Gut ausdrücken, ausbreiten, nach Wunsch bemalen und Farbe einkneten (Rückseite kontrollieren)
- In Mikrowellenfolie einpacken
- Im Gefäß mit Deckel 3 x 3 – 7 Minuten bei 500 – 600 W fixieren, je nach Menge (zwischendurch Feuchtigkeit kontrollieren)
- Abkühlen lassen, auspacken
- Auswaschen, zuerst in klarem Wasser, dann mit Shampoo
- Spülen
- Trocknen

Im ersten Kapitel haben wir zwölf verschiedene Farben erzeugt, die sich alle voneinander in ihrem Farbton im engeren Sinne, also in ihren jeweiligen Primärfarbanteilen, unterscheiden, zum Beispiel Orange, Rotviolett, Blaugrün. Alle diese Farben haben wir nebeneinander in maximaler Konzentration gefärbt, denn wir haben ja soviel von unserer Farblösung auf die Wolle aufgetragen, wie diese halten konnte. (Man könnte an dieser Stelle einwenden, wir hätten doch unsere Standardlösungen schon konzentrierter ansetzen können, etwa 3%ig statt 1%ig; das ist prinzipiell richtig, aber die Erfahrung zeigt, dass dadurch lediglich ein Farbüberschuss auf der Faser entsteht, der nicht vollständig gebunden werden kann und sich deshalb wieder auswäscht.) Dementsprechend ist unser Farbkreis auch leuchtend bunt und intensiv ausgefallen, so wie wir das beabsichtigt hatten.

Nun werden wir in einem weiteren Versuch diese Farbtöne verändern, und zwar jeden für sich. Wir wollen sie einerseits bis zum Pastellton aufhellen und andererseits durch die Zugabe steigender Anteile von Schwarz entsprechend abdunkeln. Um den Aufwand in Grenzen zu halten, bearbeiten wir auf diese Weise nicht alle zwölf Farbtöne, sondern beschränken uns auf die Primärfarben und die drei wichtigsten Sekundärfarben, also auf Gelb, Orange, Magenta, Violett, Blau und Grün.

Stellen Sie sich zunächst diese sechs Farblösungen her; mischen Sie dieses Mal Orange, Violett und Grün nach unserem verbesserten Rezept auf S. 18:

- Orange aus 2 Bechern (60 ml) Gelb und 1 Becher (30 ml) Magenta
- Violett aus 1½ Bechern (45 ml) Magenta und 1½ Bechern (45 ml) Blau
- Grün aus 1 Becher (30 ml) Blau und 2 Bechern (60 ml) Gelb.

Bereiten Sie eine Standardlösung der Farbe „Black“ (Schwarz) nach der Vorschrift auf S. 12 zu. Für das Aufhellen der Farben benutzen wir nicht einfach Wasser. Wir sollten sicherstellen, dass auch in verdünnten Farblösungen stets genügend Essiganteil für eine sichere Fixierung vorhanden ist, deshalb mischen wir

- 200 ml Wasser mit 6 ml Essigessenz

und benutzen grundsätzlich diese Lösung zum Verdünnen. Sie ist gemeint, wenn im Folgenden von „Essigwasser“ die Rede ist. Wie Sie sehen, ist das sozusagen „Farbe ohne Farbstoff“; gegenüber einer Standardfarblösung fehlt nur das Farbpulver.

Dieses Mal genügen uns Abschnitte unseres Merino-Kammzuges von circa 70 cm Länge; wir können sie alle sechs gemeinsam einweichen und nach und nach, je nach Bedarf, aus der Spülwanne holen.

Zuerst wird die Farbe „Gelb“ bearbeitet. Tragen Sie in der Mitte der Probe einen Streifen unverdünntes Gelb auf. Nach links folgen Verdünnungen mit Essigwasser in mehreren Stufen, ganz am Ende steht reines Essigwasser, also „Weiß“, da wir einen weißen Kammzug färben. Nach rechts folgen Mischungsstufen mit Schwarz und am Ende reines Schwarz. Es hat sich in diesem Fall bewährt, nicht nach starren Mischrezepten vorzugehen, da wir möglichst viele verschiedene Abstufungen nach jeder Seite erzielen wollen und von jeder einzelnen Abstufung nur sehr wenig Farblösung brauchen. Unser Idealziel ist ein nach beiden Seiten hin möglichst gleichmäßiger „harmonischer“ Farbverlauf. Eine Grundregel beim Mischen solcher Farbverläufe ist, immer mit der hellsten/schwächsten Farbe zu beginnen und die stärkere beziehungsweise dunklere Farbe vorsichtig in kleinen, steigenden Anteilen hinzuzugeben. Beginnen Sie also mit Essigwasser und geben Sie nach und nach immer größere Anteile von Gelb hinzu, bis Sie in der Mitte mit reinem, konzentriertem Gelb bei dem Streifen angelangt sind, den Sie bereits aufgetragen haben. (Wenn Sie in umgekehrter Reihenfolge vorgehen, enden Sie mit einem Eimer voll sehr, sehr verdünnter Farbe!) Nun fügen Sie diesem konzentrierten Gelb tropfenweise (!) schwarze Farbe hinzu und gestalten den Übergang zu Schwarz über möglichst viele Zwischenstufen. Denken Sie an das Auswaschen und Trocknen des Pinsels zwischen den einzelnen Stationen. Auch hier lässt sich die Gleichmäßigkeit der Farbverläufe durch vorsichtiges Kneten sehr verbessern. Ist der Kammzug an jeder Stelle mit Farblösung gesättigt, packen Sie ihn in Mikrowellenfolie ein, sodass er nicht austrocknet, und bearbeiten den nächsten Farbton, hier also Orange, entsprechend. So verfahren Sie mit allen sechs Farben nacheinander.

Je nach Größe Ihres Fixiergefäßes können Sie normalerweise mindestens drei dieser Proben gemeinsam fixieren, wenn Sie sie besonders sorgfältig einpacken und im Gefäß so anordnen, dass sie einander möglichst nicht berühren; dann sind 3 x 4 Minuten Fixierzeit angemessen.

Meine Farbverläufe sehen so aus:

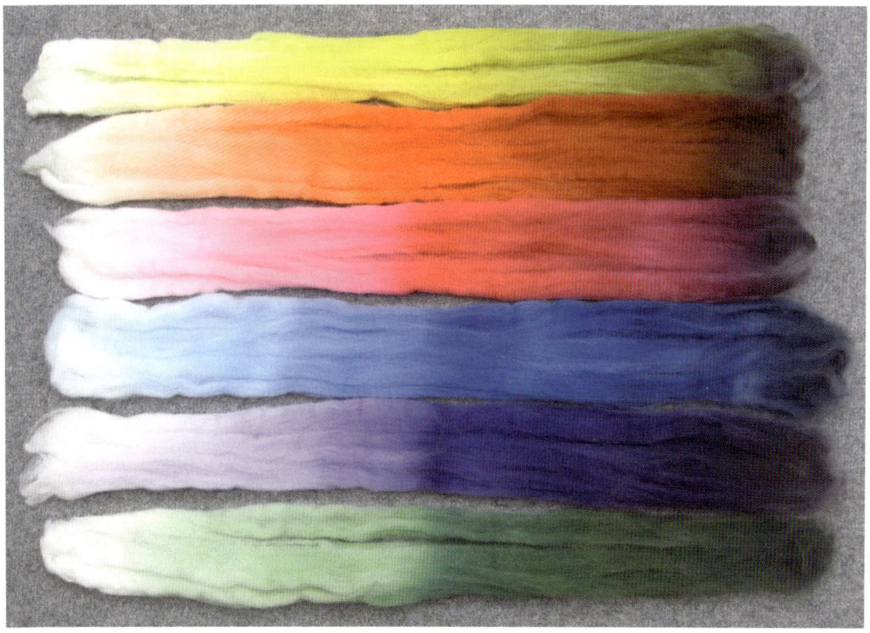

Abbildung 11: Pastell-Schwarz-Verläufe

Sie sehen und haben beim Verdünnen anschaulich erfahren, was mit unseren Farben beim Mischen mit Essigwasser geschieht: Der jeweilige Farbton bleibt vollkommen unverändert, aber seine Intensität (der Fachmann nennt das „Sättigung“) wird geringer, die Helligkeit nimmt zu.

- Hellere, weniger intensive Töne bis hin zu Pastellfarben entstehen aus den konzentrierten Farblösungen durch einfaches Verdünnen mit Essigwasser.

Hinter Farbbezeichnungen wie „Flieder“ oder „Rosa“ verbergen sich also Verdünnungen der zugrundeliegenden Ausgangstöne. Dabei wird beispielsweise das entstehende Rosa natürlich eher wärmer (Apfelblütenrosa) oder kälter (pinkstichiger) ausfallen, je nachdem, ob Sie einen Rotton mit mehr oder weniger Gelbanteil zum Ausgangspunkt Ihrer Verdünnung nehmen.

Anhaltspunkte für sinnvolle Verdünnungsstufen liefert Ihnen die folgende Übersicht:

Pastell-Töne

Farblösung		E-Wasser	Farblösung		E-Wasser
Gelb	16 ml	60 ml	Gelb	4 ml	60 ml
Orange	12 ml	60 ml	Orange	4 ml	60 ml
Magenta	8 ml	60 ml	Magenta	2 ml	60 ml
Violett	8 ml	60 ml	Violett	2 ml	60 ml
Blau	8 ml	60 ml	Blau	2 ml	60 ml
Grün	8 ml	60 ml	Grün	2 ml	60 ml

Die Ergebnisse unserer stufenweisen Mischungen mit Schwarz sind ebenso spannend und haben Sie teilweise sicher überrascht; in allen Fällen nimmt wieder die Sättigung der Ausgangsfarbe ab und selbstverständlich auch die Helligkeit. Es entstehen dunklere, gedämpfte, „schwere" Töne. Bemerkenswert ist, dass sich im Gelb/Orange/Rot-Bereich zusätzlich der Farbton in seiner Qualität deutlich verändert: Aus Gelb entwickeln sich Grün- und Olivtöne, aus Orange verschiedene Braunabstufungen und aus Magenta Violett- und Brombeerfarben.

- Farben werden durch das Mischen mit Schwarz abgedunkelt. Besonders im Gelb/Orange/Rot-Bereich des Farbkreises verändert sich dadurch jedoch zusätzlich auch der Farbton.

Wenn wir darüber nachdenken, was das Zumischen von Schwarz eigentlich bedeutet, erscheinen diese Abweichungen nicht mehr ganz so erstaunlich. In der Theorie ergibt sich die schwarze Farbe aus einer Kombination aller drei Primärfarben zu gleichen Teilen, das wäre ein Teil Gelb plus ein Teil Magenta plus ein Teil Blau. Beim praktischen Nachmischen entsteht dadurch jedoch bestenfalls ein schmutziges Graubraun, wie Sie leicht ausprobieren können – aus diesem Grund kaufen wir uns die Farbe „Black" der Firma Ashford! Das ändert jedoch nichts an der Tatsache, dass im Schwarz bereits alle drei Primärfarben als Bestandteile enthalten sind und nicht, wie in den Farben des zwölfteiligen Farbkreises, nur eine (Primärfarben) oder zwei (Sekundärfarben). Sobald wir einer beliebigen Farbe also Schwarz zumischen, fügen wir ihr damit auch gewisse Anteile aller drei Primärfarben zu und begeben uns damit bereits auf das Gebiet der sogenannten „Tertiärfarben", das wir im nächsten Kapitel untersuchen werden.

Zu jeder unserer Ausgangsfarben habe ich für Sie wieder gut verwendbare Mischtöne mit Schwarz für den späteren Gebrauch herausgegriffen; hätten Sie gedacht, dass es so einfach ist, zu wunderschönen Oliv- und Brauntönen zu gelangen?

SCHWARZ-ABTÖNUNGEN

Farbton	Farblösung		Schwarz
Zartgrün	Gelb	60 ml	2 ml
Olivgrün	Gelb	60 ml	8 ml
Rostorange	Orange	60 ml	2 ml
Rehbraun	Orange	60 ml	8 ml
Fuchsia	Magenta	60 ml	2 ml
Dunkelweinrot	Magenta	60 ml	8 ml
Brombeere	Magenta	40 ml	40 ml
Dunkelviolett	Violett	60 ml	24 ml
Dunkelblau	Blau	60 ml	24 ml
Dunkelgrün	Grün	60 ml	24 ml

Solche Aufhellungs- und Abdunkelungsübungen wären unvollständig ohne eine Betrachtung der Grauskala. Genauso wie wir die bunten Farben des Farbkreises stufenweise mit Schwarz abdunkeln können, lässt sich auch unsere „weiße Farbe", also das Essigwasser, behandeln. Durch Zusetzen steigender Anteile von schwarzer Farblösung zu Essigwasser entsteht zunächst ein zartes Perlgrau, dann folgen immer dunklere Graustufen bis hin zu Anthrazit und schließlich – am Ende der Reihe – reines Schwarz. Beachten Sie, wenn Sie diese Grauskala nachfärben wollen, dass anfangs schon ganz geringe Mengen an Schwarz ausreichen, um zu deutlich wahrnehmbaren Grautonänderungen zu kommen, und mischen Sie schwarze Farblösung dem Essigwasser entsprechend vorsichtig mit Hilfe einer Pipette zu.

Abbildung 12: Mein Grau-Verlauf

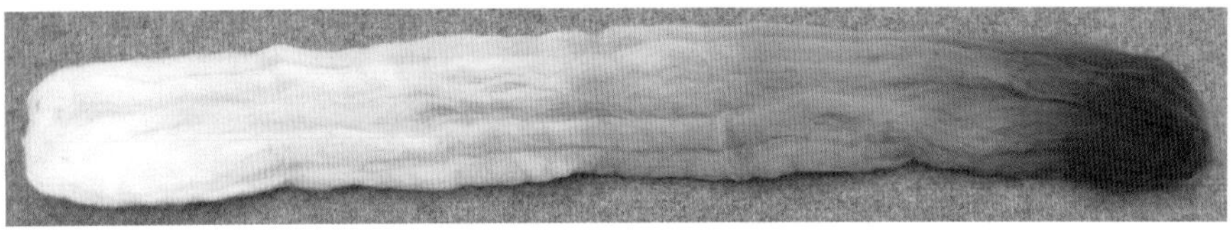

An den beiden folgenden Mischrezepten sehen Sie noch einmal deutlich, wie gering der Anteil an schwarzer Farblösung ist, den helle und mittlere Grautöne benötigen.

GRAU-STUFEN

	Farblösung	E-Wasser		Farblösung	E-Wasser
	Schwarz 6 ml	60 ml		Schwarz 1 ml	60 ml

8. Komplementärfarbenpaare

In der Farbenlehre versteht man unter dem Begriff „Tertiärfarben" diejenigen Farbtöne, die Anteile aller drei Primärfarben gleichzeitig in sich tragen, also auf irgendeine Weise aus Gelb plus Magenta plus Blau zusammengesetzt sind. Allgemein gesprochen sind dies Farbtöne, die wir als gebrochen, gedämpft oder abgetönt empfinden, die nicht so leuchtend, aber eben manchmal auch stechend wirken wie die Primär- und viele Sekundärfarben. Alle Brauntöne, alle Erdfarben fallen in diese Kategorie, aber beispielsweise auch alle Farbtöne, die durch Pflanzenfarben erreichbar sind. Beim Färben mit Pflanzen zieht immer ein komplexes Farbstoffgemisch auf die Fasern auf, und daraus resultieren nuancierte, harmonische Farbtöne. Wer nun den chemischen Farben das angebliche Fehlen gerade dieser Farbtöne vorwirft, sie als vermeintlich grell und platt abqualifiziert, hat lediglich das Arbeiten mit Tertiärfarben noch nicht für sich entdeckt ...

Im vorigen Kapitel haben wir bereits eine der vielen Möglichkeiten kennengelernt, wie Tertiärfarben gemischt werden können, nämlich durch Abdunkeln mit Schwarz. Eine zweite Möglichkeit, die sehr breit anwendbar ist und unsere Farbpalette enorm erweitert, ist das Arbeiten mit sogenannten Komplementärfarbenpaaren – das Thema unserer nun folgenden dritten Aufgabe.

Zunächst betrachten wir noch einmal den zwölfteiligen Farbkreis, wie wir ihn uns im ersten Kapitel erarbeitet haben (S. 11); zur Erinnerung ist er auf der rechten Seite noch einmal abgebildet.

Farbtöne, die sich im Farbkreis genau gegenüberstehen, werden als Komplementärfarben bezeichnet. So ist Violett die Komplementärfarbe zu Gelb, Orange die Komplementärfarbe zu Blau, Grün die Komplementärfarbe zu Magenta. Diese Bezeichnung kommt daher, dass jedes dieser Farbpaare in sich sozusagen das gesamte Spektrum enthält, eine Farbe ergänzt in dieser Hinsicht die andere. So ist die Ergänzung, also das Komplement, zur Primärfarbe Magenta die Sekundärfarbe Grün, die ja ihrerseits aus den Primärfarben Gelb und Blau entsteht.

Genauso verhält es sich mit den Komplementärfarbenpaaren Blau und Orange (Orange = Gelb plus Magenta) und Gelb und Violett (Violett = Magenta plus Blau). Aber auch Blaugrün und Rotorange, Gelbgrün und Rotviolett, Gelborange und Blauviolett sind in diesem Sinne komplementär. Anschaulich deuten kann man Komplementärfarben als diejenigen Farben, die sich in ihrer Farbwirkung maximal unterscheiden, die sozusagen „nichts gemeinsam haben“. Mischt man nun eine Farbe mit ihrer Komplementärfarbe, erhält man notwendigerweise eine Tertiärfarbe als Ergebnis, denn in jeder solchen Mischung werden, wie wir gesehen haben, alle drei Primärfarben in Anteilen vorhanden sein.

Abbildung 13: Unser Farbkreis

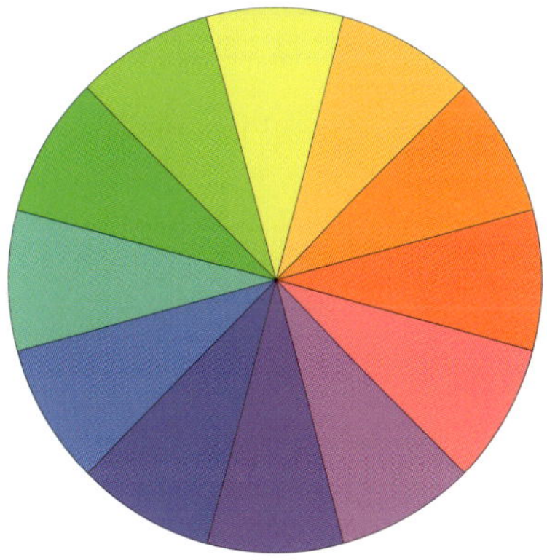

Für die Komplementärfarbenpaare Gelb und Violett / Magenta und Grün / Blau und Orange wollen wir dies in der Praxis ausprobieren. Wir weichen drei ungefähr 70 cm lange Abschnitte unseres Merino-Kammzuges ein und stellen uns die Farblösungen, die wir benötigen, paarweise zurecht, also

- Gelb (Primärfarbe) und Violett (aus 45 ml = 1½ Bechern Magenta plus 45 ml = 1½ Bechern Blau)
- Magenta (Primärfarbe) und Grün (aus 60 ml = 2 Bechern Gelb plus 30 ml = 1 Becher Blau)
- Blau (Primärfarbe) und Orange (aus 60 ml = 2 Bechern Gelb plus 30 ml = 1 Becher Magenta).

Wir arbeiten mit den Farblösungen in voller Konzentration, benutzen dieses Mal also kein Essigwasser.

In ähnlicher Weise wie in Kapitel 7 wollen wir jeweils möglichst gleichmäßige Farbverläufe zwischen den zusammengehörenden Paaren erzielen, also einen Verlauf von Gelb nach Violett, einen von Magenta nach Grün und einen von Blau nach Orange. Bearbeiten Sie diesmal jeden Farbverlauf von beiden Enden ausgehend zur Mitte hin; beginnen Sie beispielsweise die Komplementärmischung von Gelb und Violett am linken Ende des

Kammzugstückes mit reinem Gelb, dem Sie tropfenweise mehr und mehr Violett zumischen, und arbeiten Sie parallel dazu vom rechten Ende des Wollstranges her mit reinem Violett, dem Sie nach und nach immer mehr Gelb zufügen. Ungefähr in der Mitte der Probe sollten sich beide Verlaufsreihen in einem Farbton treffen. Beobachten Sie genau, wie schon sehr kleine Zusätze der jeweiligen Komplementärfarbe den Farbton der Ausgangsfarbe deutlich verändern, und versuchen Sie, möglichst viele unterschiedliche Zwischentöne zu erzeugen. Auch hier ist häufiges Auswaschen und Trocknen der Pinsel anzuraten, um Verfälschungen durch mitgeschleppte Farbreste zu vermeiden. Packen Sie jede Probe sofort nach dem Bemalen sorgfältig ein und fixieren Sie alle drei gemeinsam 3 x 4 Minuten lang.

Ungefähr so werden die Ergebnisse aussehen:

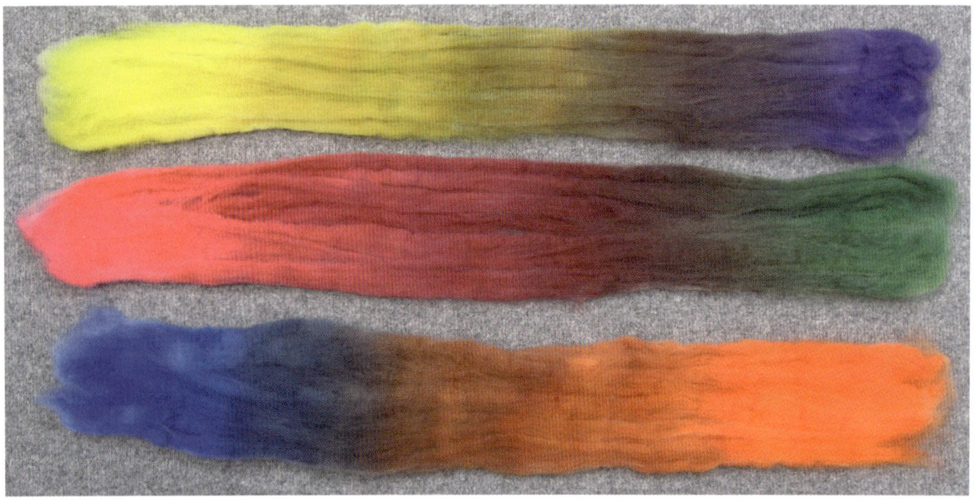

Abbildung 14: Komplementär-Verläufe

Beurteilen wir zunächst die Farbtöne, die sich in unmittelbarer Nähe der Mischpartner ausgebildet haben, also dicht angrenzend an Gelb beziehungsweise Violett, Magenta beziehungsweise Grün, Blau beziehungsweise Orange. In diesen Zonen erscheinen die Ausgangsfarben noch gut erkennbar, aber doch in einer veränderten Qualität; sie haben einen Teil ihrer intensiven Leuchtkraft, ihren „Stich", eingebüßt. Wir nennen solche Farbtöne „gebrochen". Derartige durch einen minimalen Zusatz ihrer Komplementärfarbe gebrochene Töne wirken sehr viel angenehmer auf das Auge als die Ausgangsfarben und fügen sich harmonischer als diese in einen Zusammenklang mit anderen Farben ein. Meiner Erfahrung nach liegt in diesem vorsichtigen Brechen von Farbtönen ein Geheimnis gelungener Farbgestaltung.

Im weiteren Verlauf unserer Proben, jeweils zur Mitte hin betrachtet, erkennen wir, dass dieses Brechen bei fortlaufender Zunahme des Komplementärfarbanteils zunächst zu Farbtönen führt, die wir als „schmutzig" bezeichnen könnten, und dann, im mittleren Drittel jedes Abschnittes, zu diversen Braun- und Graubrauntönen; hier finden wir den gesamten Bereich der Erdfarben. Wie bereits erwähnt, können wir Schwarz, das theoretisch entstehen sollte, auf diese Weise nicht praktisch erzeugen.

- Farben werden durch einen geringen Zusatz ihrer Komplementärfarbe gebrochen; sie werden dadurch weicher, auch trüber, und weniger intensiv. Das Zumischen einer Komplementärfarbe in größeren Anteilen führt zu verschiedenen Braun- und Graubrauntönen.

Im einzelnen entstehen zwischen Gelb und Violett Senftöne und gräuliche Violetttöne, zwischen Magenta und Grün Rotbraun, Graubraun und Grünbraun und zwischen Blau und Orange Petrol, Grünbraun, Rehbraun und Kupfer. Einige dieser Farbtöne sollten wir festhalten, um sie später gezielt verwenden zu können:

Komplementär-Mischungen

Farbton	Primär-Farbe		Sekundär-Farbe	
Senfgelb	Gelb	40 ml	Violett	2 ml
Olivbraun	Gelb	48 ml	Violett	16 ml
Braunviolett	Gelb	20 ml	Violett	40 ml
Rot gebrochen	Magenta	48 ml	Grün	12 ml
Weinrot (warm)	Magenta	42 ml	Grün	21 ml
Grünbraun	Magenta	12 ml	Grün	48 ml
Petrol	Blau	36 ml	Orange	24 ml
Dunkelbraun	Blau	21 ml	Orange	42 ml
Rost	Blau	3 ml	Orange	60 ml

Vergleicht man die aus Komplementärfarben gemischten Töne mit denjenigen, die im vorherigen Kapitel durch Abdunkeln mit Schwarz entstanden waren, fällt auf, dass in einigen Bereichen mit beiden Methoden sehr ähnliche Ergebnisse erzielt werden können: So entstehen beispielsweise aus Orange Kupfer- und Rotbraun-Töne durch Zumischen von Schwarz *oder* Blau und dunkle Trottöne aus Magenta plus Schwarz *oder* Grün, natürlich jeweils in ganz spezifischen Mischungsverhältnissen. Manche Künstlerschulen vertreten die Meinung, die Komplementärmischung führe grundsätzlich zu reicheren, lebendigeren Farbtönen als die Mischung mit Schwarz und sei daher zu bevorzugen – versuchen Sie selbst, Unterschiede zu erkennen und zu beurteilen, und wählen Sie in jedem Einzelfall die Ihnen angemessen erscheinende Mischmethode.

Abschließend wollen wir uns klar machen, dass wir natürlich – genau so wie in Kapitel 7 die Primär- und Sekundärfarben – jede solche Tertiärfarbe mit Essigwasser beliebig aufhellen oder mit Schwarz abdunkeln können. Helle Brauntöne, Beige, diverse Sandfarben, farbig abgetönte Graustufen lassen sich so erzielen.

Damit steht Ihnen nun tatsächlich das gesamte Spektrum aller nur vorstellbaren Farben zur Verfügung, und mit etwas Übung und Experimentierfreude müsste es Ihnen gelingen, auf dieser Grundlage Ihre eigenen Farbvorstellungen in die Praxis umzusetzen. Eine mögliche Vorgehensweise in einem konkreten Fall wäre die folgende:

- Versuchen Sie, anhand des Farbkreises festzulegen, aus welchen Primärfarben und in welchem ungefähren Mischungsverhältnis Ihr gewünschter Farbton entsteht. Mit ersten Übungen hierzu haben Sie vielleicht schon im Anschluss an Kapitel 6 begonnen.
- Entscheiden Sie, ob es sich um einen leuchtenden, intensiven Farbton handelt, der in seiner Sättigung den Farben des Farbkreises entspricht, oder wie stark Sie ihn anderenfalls mit seiner Komplementärfarbe brechen müssen.
- Stellen Sie fest, welche Helligkeit Ihr Farbton hat, inwieweit Sie ihn also verdünnen oder mit Schwarz abdunkeln müssen.

Sie werden jedoch merken, dass die Beantwortung dieser Fragen nicht immer ganz einfach ist, da die Parameter Farbton, Farbsättigung und Helligkeit nicht unabhängig voneinander verändert werden können. Es wäre auch möglich, sich aus den vielen Farbmischrezepten in diesem Buch einen Farbton auszusuchen, der Ihrer Vorstellung möglichst nahe kommt, und diesen entsprechend abzuwandeln. Je mehr eigene Erfahrung Sie im Laufe der Zeit gewinnen, desto leichter wird Ihnen das planmäßige Mischen von Farben fallen, und desto eher werden Sie sich von vorgefertigten Rezepten unabhängig machen können.

Praxis – Projekte

Die folgenden Kapitel dieses Praxisteils stellen Ihnen eine große Vielfalt ganz unterschiedlicher Färbeprojekte vor, die Sie dazu anregen sollen, sich mit möglichst vielen Aspekten und Variationsmöglichkeiten des Färbens mit Säurefarbstoffen näher zu befassen. Anders als bisher bauen diese Kapitel nicht streng aufeinander auf. Sie können nun also, je nach Ihren eigenen Interessen, bestimmte Themen überspringen und sich andere gezielt herausgreifen.

Wir werden verschiedene Wollsorten färben, auch von Natur aus bereits farbige, danach mehrere Arten von Seide, wir bemalen Tücher, Kammgarnstränge und Sockenwolle, wir experimentieren mit Bemalungstechniken, die besonders beim anschließenden Verspinnen der Fasern am Spinnrad von Interesse sind, und lernen weitere Fixiermethoden kennen. Das letzte Färbeprojekt, ein Färbeversuch mit Lebensmittelfarben, ist unter entsprechender Aufsicht und Anleitung auch für das Arbeiten mit älteren Kindern geeignet.

Über diese färbetechnischen Gesichtspunkte hinaus habe ich zu vielen Kapiteln eine eigene, dem jeweiligen Thema angemessene Farbpalette entwickelt, sodass Sie auch in dieser Hinsicht noch einiges Neue entdecken können; Sie finden die Farbharmonien

- Orient auf S. 34
- Meerfarben auf S. 37
- Herbstfarben auf S. 40
- Rot-Violett-Töne auf S. 43
- Buntstiftfarben auf S. 56

Allgemeine Hinweise zum Arbeiten mit den Farbpaletten

Die Farbmischrezepte der folgenden Kapitel können Sie auf unterschiedliche Art und Weise benutzen:

Wenn Sie das jeweilige Projekt nacharbeiten und dabei die entsprechende Farbpalette benutzen wollen, stellen Sie sich einfach alle Farbtöne in der Menge her, die die Tabelle angibt. Damit können Sie auf jeden Fall das Projekt verwirklichen und haben normalerweise noch einen ausreichenden Rest von jeder Farbe übrig, um Proben für Ihre Unterlagen zu färben oder auch mit einem anderen als dem vorgegebenen Fasermaterial zu experimentieren.

Möchten Sie hingegen irgendeinen Farbton aus den Paletten auswählen, weil er Ihnen besonders gut gefällt, und mit dieser Farbe eine bestimmte Menge an Material bemalen, müssen Sie eventuell ein Vielfaches des in der Tabelle angegebenen Rezeptes anmischen, um ausreichend Lösung zur Verfügung zu haben. Innerhalb gewisser Grenzen hängt die

Menge an Farblösung, die die Faser aufnehmen kann, von Ihrer Arbeitsweise ab: Wenn Sie Ihre Wolle nach dem Einweichen stark ausdrücken und beim Bemalen relativ nass arbeiten, werden Sie mehr Lösung verbrauchen, als wenn Sie sie sanft ausdrücken und dann weniger Farbe auftragen. (Natürlich wird das Ergebnis dabei im ersten Fall etwas kräftiger, im zweiten etwas zarter ausfallen.) Als Faustregel lässt sich jedoch festhalten, dass normalerweise ungefähr 200 ml Lösung gebraucht werden, um 100 g Material zu bemalen. Wenn Sie also beispielsweise 150 g Wolle bemalen möchten, sollten Sie mindestens 300 ml Lösung vorbereiten und dazu das jeweilige Farbmischrezept auf diese Gesamtmenge umrechnen.

Je genauer Sie den jeweiligen Mischrezepten folgen, desto ähnlicher wird Ihr Ergebnis den abgebildeten Farbproben sein. Ich habe mich bemüht, mit Hilfe von Messzylindern und Einwegspritzen äußerst genau zu arbeiten, sozusagen unter Laborbedingungen, und habe alle Rezepte nochmals kontrolliert und auf ihre Reproduzierbarkeit überprüft. Wenn die von Ihnen erzielten Farbtöne einmal vom zu erwartenden Ergebnis stark abweichen sollten, ist an mehrere mögliche Fehlerquellen zu denken:

- Unmittelbar einsichtig ist, dass das Abmessen besonders kleiner Farbanteile einer Mischung heikel ist; sieht ein Rezept beispielsweise 60 ml gelbe Farbe plus 1 ml schwarze Farbe vor, ist es recht unwesentlich, ob sie statt 60 ml gelber Farbe 61 ml verwenden, wenn Sie jedoch statt 1 ml Schwarz 2 ml Schwarz zusetzen, haben Sie den relativen Schwarzanteil dadurch verdoppelt und werden demnach leider bei einem anderen Farbton enden.

- Weiterhin ist eine Voraussetzung für die Farbkonstanz Ihrer Mischung – auch von einer Färbung zur nächsten –, dass Ihre Standardlösungen immer die richtige Konzentration aufweisen. Gehen Sie daher auch beim Abmessen des Farbpulvers sorgfältig vor, achten Sie darauf, dass Ihr Messlöffel „gestrichen" gefüllt ist, d. h., dass die Pulveroberfläche mit dem Rand des Löffels abschließt. Lösungen, die nicht ganz klar sind oder sogar zum Absetzen neigen, sollten Sie vor jeder Farbentnahme gut aufrühren, um überall im Gefäß dieselbe Farbkonzentration sicherzustellen.

Lassen Sie sich jedoch durch diese Hinweise nicht entmutigen, Sie sollen Ihnen lediglich helfen, schon im Vorfeld mögliche „Fallen" zu umgehen. Kleinere Abweichungen im Färbeergebnis kommen immer wieder vor und lassen sich kaum vermeiden. Die Mengen an Farblösung, die Sie auftragen, die Qualität der Wolle, die Produktions-Charge des Farbpulvers der Firma Ashford, die Sie gerade verwenden – alle diese Faktoren tragen zu Ihrem Endergebnis bei. Auch in der industriellen Färberei ist mit teilweise erheblichen Differenzen von einer Färbepartie zur nächsten zu rechnen, wie jeder weiß, der jemals Garne eingekauft hat. Um mit solchen Abweichungen kreativ umzugehen und sich dieser Herausforderung zu stellen, sind die Farbverlaufs-Experimente der Kapitel 6, 7 und 8 hilfreich: Anhand dieser Verlaufsreihen können Sie einschätzen, ob in einem bestimmten Farbton beispielsweise der Gelbanteil zu gering ist, ob der Farbton etwa zu verdünnt oder zu konzentriert ist, ob er zu dunkel oder zu stark gebrochen ist, und dementsprechend kleinere Korrekturen durchführen. Oder – wer weiß – vielleicht gefällt Ihnen ja Ihr neuer Farbton eigentlich noch besser als mein Vorschlag?

9. Überfärben von Naturtönen

Ganz bewusst haben wir zu Anfang eine Art „Standard-Wolle", den weißen Merino-Kammzug, für unsere Färbeversuche gewählt. Er ist preisgünstig, überall erhältlich, unkompliziert in der Handhabung und gibt alle Farben ziemlich unverändert wieder. Sehr reizvolle Ergebnisse lassen sich jedoch erzielen, wenn stattdessen Wollqualitäten überfärbt werden, die von Natur aus schon eine eigene Grundfarbe mitbringen. Geeignet hierzu sind natürlich in erster Linie hellere Naturtöne wie Silbergrau oder Beige. Je dunkler ein Material von sich aus bereits ist, desto mehr wird es die ursprünglichen Farben des Farbkreises beim Überfärben verändern. Um zu sehen, wie verschiedene Untergründe die Wirkung unserer Farben beeinflussen, färben wir den zwölfteiligen Farbkreis

- auf weißem Merino-Kammzug,
- auf feiner, grauer Alpaka-Wolle im Band,
- auf beigefarbener Brasil-Wolle im Band (Coburger Fuchsschaf-Wolle hat einen ganz ähnlichen Farbton und kann genauso verwendet werden).

Im Unterschied zu unserem ersten Färbeversuch benutzen wir dieses Mal die korrigierten Farbmischrezepte für den zwölfteiligen Farbkreis, wie auf S. 18 erklärt. Deshalb färben wir den weißen Merino-Kammzug als Referenz noch einmal mit.

Behandeln Sie Alpaka-Wolle mit besonderer Vorsicht; vor allem feine Qualitäten verfilzen unter Umständen sehr schnell.

Farbe	**Gelb** (Yellow)	**Magenta** (Hot Pink)	**Blau** (Blue)
Gelb	90 ml		
Gelborange	75 ml	10 ml	
Orange	60 ml	30 ml	
Rotorange	30 ml	45 ml	
Magenta		90 ml	
Rotviolett		45 ml	15 ml
Violett		30 ml	30 ml
Blauviolett		15 ml	45 ml
Blau			90 ml
Blaugrün	30 ml		45 ml
Grün	60 ml		30 ml
Gelbgrün	75 ml		10 ml

Stellen Sie sich alle zwölf Farbtöne in dieser Reihenfolge bereit und mischen Sie zusätzlich 200 ml Wasser mit 6 ml Essigessenz („Essigwasser", siehe S. 20).

Weichen Sie jeweils ungefähr 1,5 m weißen Merino-Kammzug, graues Alpaka-Band und hellbraune Brasil-Wolle gemeinsam ein. Drücken Sie sie gut aus und legen Sie alle drei Stränge parallel nebeneinander der Länge nach auf Ihre Arbeitsfläche. Wir ersparen uns viel Arbeit und bemalen automatisch alle drei Proben gleich, wenn wir jede Farbe in einem Arbeitsgang von oben nach unten gleichzeitig auf alle drei Qualitäten auftragen. Der allererste Anfang jeder Probe soll ungefärbt bleiben und uns auch später den Naturton der Wolle zeigen. Wenn wir diese Stellen einfach unbearbeitet ließen, könnte erstens die daneben aufgetragene Farbe (Gelb) sich zu weit in diesen Bereich ausbreiten, zweitens wäre hier die Wolle zu trocken. Deshalb „bemalen" wir die ersten zehn Zentimeter mit Essigwasser, als ob es Farbe wäre. Anschließend folgen Gelb und alle übrigen Farbtöne, wie auf S. 14 beschrieben.

Entfernen Sie nun alle Farbpfützen auf der Folie rund um die Wolle und schieben Sie die drei Stränge vorsichtig zu einem zusammen, sodass immer alle Abschnitte einer Farbe direkt übereinander liegen. Diesen dreifachen Strang packen Sie jetzt wie gewöhnlich ein und fixieren ihn bei 500 – 600 W in 3 x 6 Minuten lang. Nach dem Abkühlen, Auswaschen und Trocknen können Sie die drei Proben miteinander vergleichen.

Sie sehen, dass allen Farben des Farbkreises beim Überfärben die ursprüngliche Farbe der Wollfaser zugemischt wurde, in ähnlicher Weise, als ob wir allen unseren Farblösungen einen kleinen Schwarz- beziehungsweise Braun-Anteil zugegeben hätten. So bekommen auf dem grauen Alpaka-Untergrund Gelb einen Oliv-Stich und Orange einen Braun-Stich, die übrigen Farben werden etwas gedämpft und abgedunkelt. Die hellbraune Brasil-Farbe macht alle Farbtöne wärmer und verleiht dem violetten Bereich eine Tendenz zum Aubergine, dem Blau einen Grünstich. Insgesamt erscheinen in beiden Proben alle Farben harmonischer und durch den jeweiligen gemeinsamen Grundton miteinander verbunden.

Diesen Effekt machen wir uns jetzt auf elegante Art und Weise zunutze. Wir wollen einen Teil eines hellgrauen Bergschaf-Vlieses unregelmäßig in vielen Grün-, Blau- und Violett-Tönen bemalen, wobei kräftig gefärbte und pastellfarbene Areale sich abwechseln sollen. Dazwischen tragen wir an einzelnen Stellen nur Essigwasser auf, um dort den Naturton zu konservieren. Bei diesem Projekt sollen Sie nicht nach festgelegten Mischrezepten, sondern ganz frei arbeiten und möglichst viele verschiedene Farbtöne innerhalb des angegebenen Farbbereichs verwenden. Dadurch, dass alle Farben automatisch einen silbergrauen Unterton bekommen, entsteht sozusagen von selbst ein harmonisches Gesamtergebnis.

Wolle im Vlies enthält Fasern ganz unterschiedlicher Länge in ungeordnetem Zustand. Teilen Sie sich daher mehrere einzelne, beliebig geformte Stücke vom aufgerollten Vlies ab, sodass sie gut zu bearbeiten sind, und weichen Sie sie wie gewohnt ein. Ungefähr 150 g Wolle können in einem Arbeitsgang bemalt und fixiert werden. Drücken Sie die Stücke gut aus und breiten Sie sie vor sich auf Ihrem Arbeitsplatz aus. Beginnen Sie beispielsweise mit unserer blauen Primärfarblösung und gießen Sie sich von dieser circa 50 ml in ein kleines Gläschen; tragen Sie diese Farbe mit dem Pinsel an wenigen Stellen auf, verdünnen Sie den Rest mit Essigwasser und tragen Sie das Ergebnis wiederum auf. Dem dabei verbleibenden Rest können Sie dann noch einen kleinen Anteil roter Farbe zusetzen, dann haben Sie einen verdünnten Violettton erzeugt, oder etwas Schwarz, dann sind Sie bei Blaugrau angelangt – der Phantasie sind keine Grenzen gesetzt.

Ist Ihr Gläschen leer, suchen Sie sich eine neue Ausgangsfarbe aus. In diesem Fall ist es unnötig, den Pinsel zwischendurch auszuwaschen, „panschen" Sie nach Lust und Laune ... Vergessen Sie aber bitte nicht, an einigen Stellen reines Essigwasser aufzutragen. Vorsichtiges Kneten der teilweise bemalten Vliesstücke führt zu weiteren Mischfarben und bewirkt, dass alle Lagen gleichmäßig mit Farbe getränkt werden, was auch bei dieser Technik sehr wichtig ist.

Wenn Ihnen die Farbverteilung gefällt und Sie sich vergewissert haben, dass Ihr Vlies an jeder Stelle ausreichend feucht ist, packen Sie alle Stücke gemeinsam in das Fixiergefäß und decken nur die Oberfläche sorgfältig mit einem großen Stück Mikrowellenfolie ab, bevor Sie den Deckel schließen. Da es sich hier um eine Art Zufallsfärbung handelt, ist es unnötig, einzelne Farbbereiche voneinander mit Folie zu trennen, die Farben dürfen sich gerne noch etwas mehr vermischen. Fixieren Sie 3 x 6 Minuten bei 500 – 600 W.

Manchmal bilden sich schon zu Anfang der Fixierzeit am Boden des Fixiergefäßes dunkle Pfützen; der Teil Ihres Vlieses, der ganz unten liegt, wird dadurch etwas kräftiger eingefärbt werden als die oben liegenden Teile. Wenn Sie das unbedingt vermeiden möchten, müssen Sie diese Pfützen entfernen oder Ihr Wollpaket während des Fixierens mehrmals wenden. (Vorsicht, heißer Wasserdampf tritt aus!)

Hier sehen Sie einige unterschiedlich gefärbte Wollpartien, die alle nach dieser Anleitung entstanden sind, und aus solchen Vliesstücken gesponnene Garne.

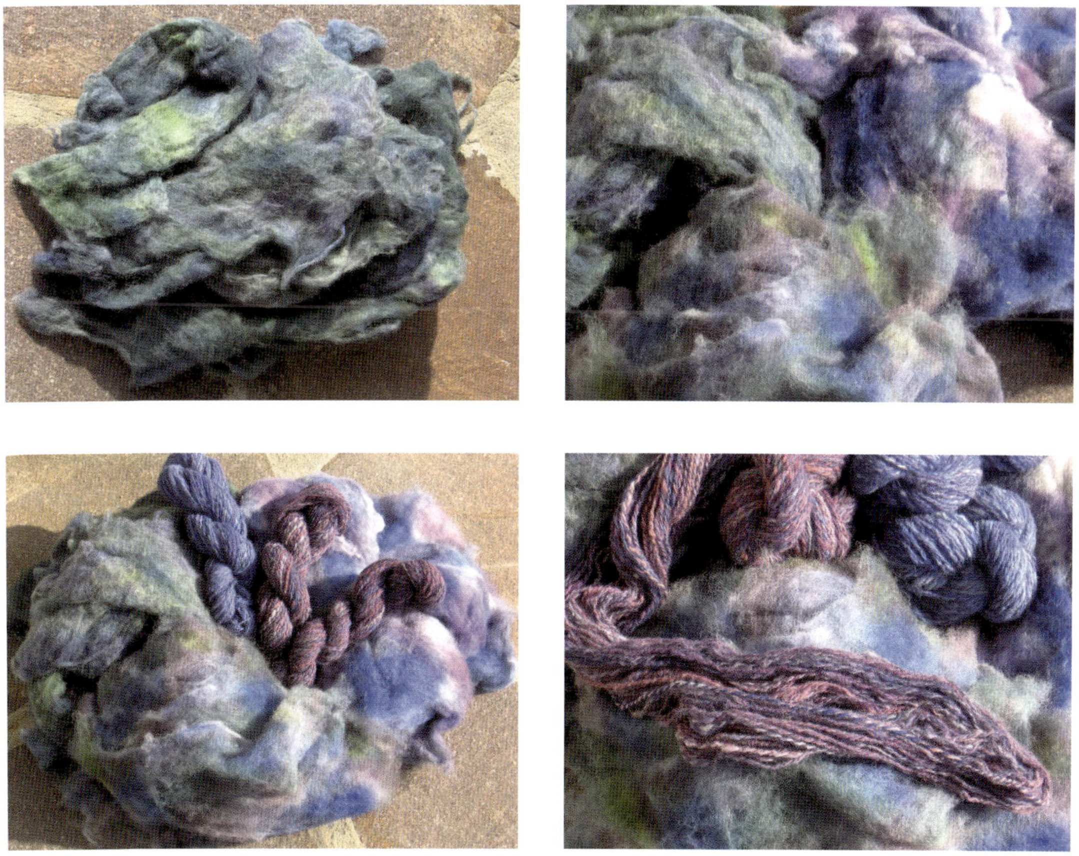

Abbildung 15: Blau-, Grün- und Violetttöne auf grauem Bergschaf-Vlies

10. Woll-Locken

Einige Schafrassen liefern ihre Wolle – die leider meist zu den gröberen und damit kratzigen Typen zählt – in wunderschön glänzenden langen Locken. Mit etwas Glück können Sie solche Locken in unkardiertem Zustand kaufen, am besten bereits gewaschen und damit entfettet. Ungewaschene Rohwolle müssen Sie in jedem Fall vor dem Färben gründlich waschen, da sonst die Haltbarkeit der Färbung beeinträchtigt wird. Derartige Locken werden hauptsächlich von englischen Longwool-Rassen angeboten wie Wensleydale-, Lincoln- oder Leicester-Schafen. Auch die von der Angora-Ziege stammenden Mohair-Locken können entsprechend verarbeitet werden. Besonders für Effekte beim Einfilzen oder Einweben oder für Bastelarbeiten lohnt sich hier das Selberfärben, das höchstens insofern Schwierigkeiten bietet, als wir bei allen Arbeitsschritten so vorsichtig vorgehen sollten, dass wir die Form und den inneren Zusammenhalt jeder einzelnen Locke nicht beschädigen.

Für mein Empfinden passen zum Glanz und der geradezu barocken Üppigkeit dieses Materials satte, schwere, leuchtende Farbtöne besonders gut. Die Farbpalette für unser Lockenfärbeprojekt habe ich „Orient" genannt. Sie besteht aus folgenden Einzelfarben:

Orient-Palette

Farbe	Gelb (Yellow)	Magenta (HotPink)	Blau (Blue)	Schwarz (Black)	E-Wasser
Dunkelgold	48 ml	3 ml		1 ml	
Kupfer	60 ml	10 ml	2 ml		
Weinrot	10 ml	45 ml	5 ml		
Rotviolett		40 ml	12 ml	4 ml	
Blauviolett		12 ml	30 ml	9 ml	
Aubergine	12 ml	42 ml	21 ml		
Graublau			20 ml	20 ml	20 ml

Bereiten Sie diese Farblösungen zu und weichen Sie etwa 150 g Ihrer Woll- beziehungsweise Mohair-Locken vorsichtig ein. Drücken Sie sie gut aus und breiten Sie sie vor sich auf Ihrer Arbeitsfläche in einer zusammenhängenden Schicht, wie eine Art Kuchen, aus. Tragen Sie die Farblösungen in ungefähr handtellergroßen Bereichen auf; Kupfer-, Violett-, Aubergine- und Rottöne sollen dominieren, Blau und Gold sind Akzentfarben. Wenn Ihr

Pinsel zu sehr in den Locken hängen bleibt, können Sie die Lösungen auch aus kleinen Bechern langsam über die Wolle gießen. Dann müssen Sie allerdings besonders darauf achten, nicht zu viel Farbe zu verwenden, da sich schnell Pfützen auf der Folie unter dem „Kuchen" sammeln. Auch hier ist sanftes Kneten erforderlich, damit die Farbe das gesamte Material durchdringen kann. Je nachdem, wie lange und intensiv Sie kneten, vermischen sich die einzelnen Farbtöne mehr oder weniger miteinander, und Sie bekommen ein einheitlicheres, fein nuanciertes, oder ein lebhafteres, buntes Ergebnis – ganz wie Sie wünschen.

Packen Sie die Locken vorsichtig in Ihr Mikrowellengefäß, die dunklen Partien unten, die hellen obenauf liegend, und decken Sie alles mit einem großen Stück Mikrowellenfolie sorgfältig ab, bevor Sie den Deckel schließen. Fixieren Sie 3 x 6 Minuten bei 500 – 600 W.

Widerstehen Sie unbedingt der Versuchung, beim Auswaschen oder beim Trocknen die Locken zu entwirren oder zurecht zu zupfen. Sie sind in trockenem Zustand viel leichter zu bearbeiten und weit weniger in Gefahr zu verfilzen.

Abbildung 16: Lincoln-Locken

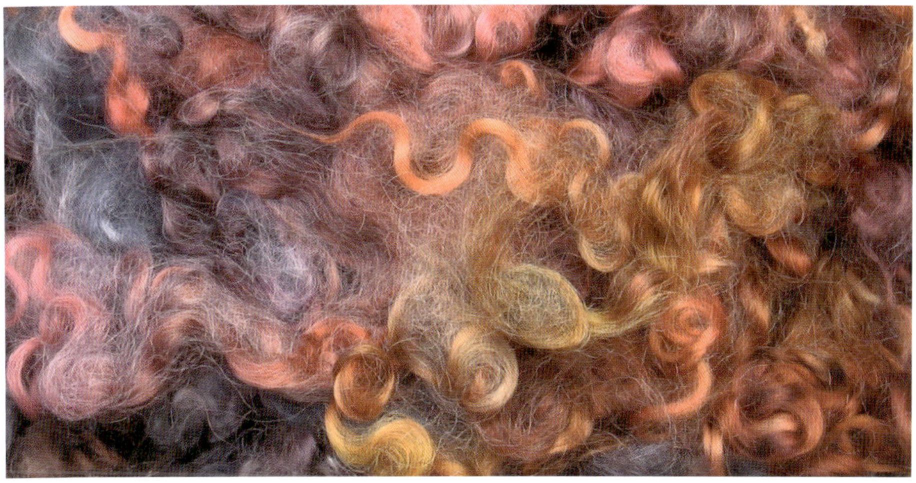

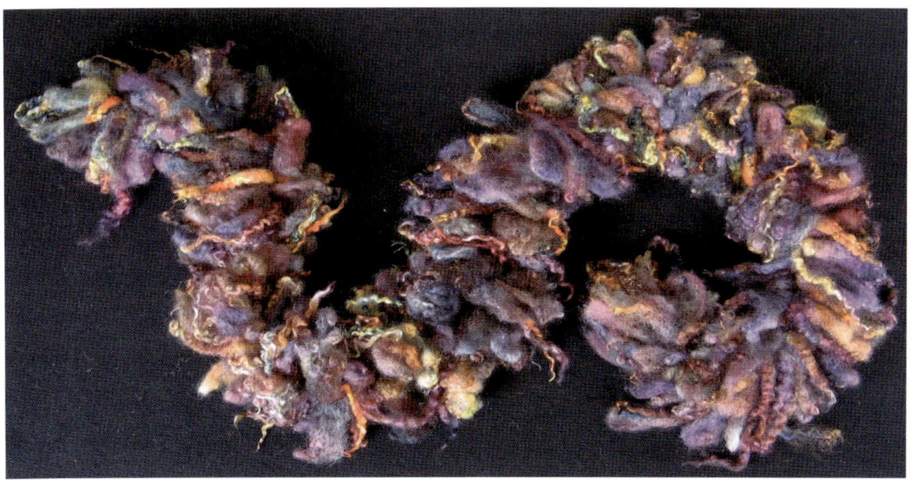

Abbildung 17: Wensleydale-Locken, verwebt zu einer frechen Boa

11. Seide in allen Variationen

Als „Seide“ verwenden wir Fasern, die von Raupen verschiedener Schmetterlingsarten bei ihrer Verpuppung produziert werden. Diese Raupen spinnen sich in einen rundum geschlossenen, schützenden Kokon ein, der aus dem eigentlichen Seidenfaden und dem sogenannten Seidenleim, dem Serizin, einer Begleitsubstanz, besteht. Das ist für uns insofern von Bedeutung, als Reste dieses Serizins in vielen Seidenqualitäten, die wir zum Färben kaufen können, in unterschiedlicher Menge noch immer enthalten sind und häufig eine gleichmäßige Farbaufnahme erschweren. Das Degummieren – so nennt man das Entfernen dieses Seidenleims – wird industriell durch Erhitzen in alkalischer Lösung oder durch Behandlung mit Enzymen durchgeführt und ist für uns in dieser Form nicht praktikabel. Daher behelfen wir uns, indem wir vorsorglich jede Art von Seide besonders lange, mit mehr Spülmittel und bei höherer Temperatur als Wolle einweichen, was unproblematisch ist, da Seide nicht filzt.

Meiner Erfahrung nach ist bei der eigentlichen Maulbeerseide am ehesten mit Schwierigkeiten zu rechnen, daher werden wir als erstes einen Maulbeerseiden-Kammzug färben. Dieser wird normalerweise als fingerdickes Band geliefert, oft zu einem Ball gewickelt. Teilen Sie sich hiervon acht bis zehn gleiche Stücke von maximal 1,5 m Länge ab. Ein 15 m langes Band an einem Stück zu bearbeiten, wäre zwar möglich, besonders bei Seide aber sehr unpraktisch. Fassen Sie alle Abschnitte an einem Ende zusammen und rollen Sie sie gemeinsam zu einem lockeren Knäuel auf. Dieses weichen Sie ½ bis 1 Stunde lang in (anfangs) 60 – 70 °C warmem Wasser mit einigen Spritzern Spülmittel und einem Schuss Essigessenz ein.

Nutzen Sie die Wartezeit, um nach den Mischrezepten auf der gegenüberliegenden Seite die benötigten Farblösungen vorzubereiten.

Sie sehen, die Palette für dieses Projekt besteht aus verdünnten Blau-, Grün-, und Violett-Tönen, also Farben von Wasser und Himmel, die durch einige goldene Reflexe (Sand und Sonne) belebt werden. Ich nenne diese Palette „Meerfarben“. Die Wahl solcher verdünnter Töne für diesen ersten Seidenfärbeversuch hat den Vorteil, dass eventuell verbleibende helle oder gar weiße Stellen nicht allzu störend ins Auge fallen werden.

Vergewissern Sie sich, dass die Seide wirklich durch und durch benetzt ist, bevor Sie sie aus dem Bad nehmen und ausdrücken. Breiten Sie alle Abschnitte der Länge nach auf Ihrer Arbeitsfläche aus, einen vor dem anderen, sodass sie parallel zueinander vor Ihnen liegen. Strecken Sie jeden Abschnitt durch Ziehen an beiden Enden, dabei richten sich die Fasern wieder aus. Um einem möglicherweise schlechten Eindringen von Farblösung entgegenzuwirken, sollten Sie nun jedes Band sehr sorgfältig in Querrichtung auseinanderzupfen, bis alle dicken, klumpigen Stellen beseitigt sind. Dünne, gleichmäßige Schichten nehmen die Farbe am besten an.

Tragen Sie die Farblösungen in beliebiger Reihenfolge, aber jeweils auf alle Abschnitte gleichzeitig, in Streifen von oben nach unten auf. Arbeiten Sie besonders gründlich, kneten Sie die Farbe in die Fasern ein und kontrollieren Sie zuletzt auf jeden Fall auch die Rückseite. Entfernen Sie Pfützen auf der Folie und schieben Sie die einzelnen Stränge vorsichtig zu einem einzigen dicken Strang zusammen. Da wir alle Abschnitte genau gleich bemalt haben, kommen dabei immer nur Streifen derselben Farbe miteinander in Berührung, und wir können den kombinierten Strang insgesamt in ein Paket einpacken und wie üblich fixieren (3 x 5 Minuten). Beim Auswaschen und Trocknen sind gegenüber Wolle keine Besonderheiten zu beachten.

Meerfarben-Palette

Farbe	Gelb (Yellow)	Magenta (HotPink)	Blau (Blue)	Schwarz (Black)	E-Wasser
Blau I (rötlich)		2 ml	40 ml		40 ml
Blau II (grünlich)	1 ml		20 ml		40 ml
Hellviolett		6 ml	12 ml	1 ml	50 ml
Grün I	24 ml		15 ml	3 ml	30 ml
Grün II	3 ml		6 ml		60 ml
Sandfarben	4 ml	2 ml	1 ml		60 ml
Goldbraun hell	12 ml	3 ml	1 ml		35 ml

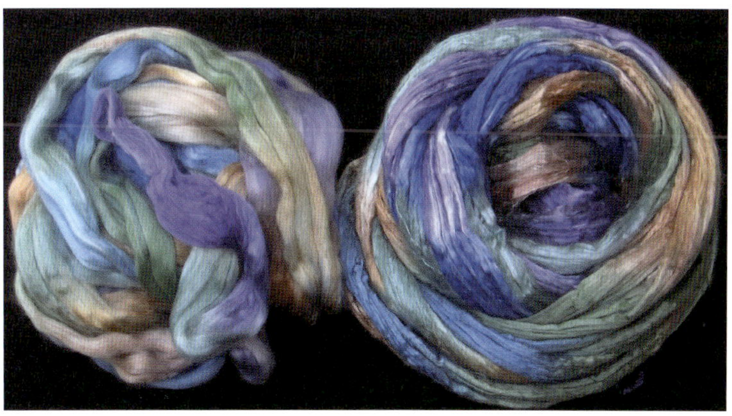

Abbildung 18: Maulbeerseide in Meerfarben

Wenn Sie Ihren gefärbten Kammzug nach dem Trocknen in die Hand nehmen und näher untersuchen, werden Sie erstaunt sein, wie steif und papierartig die doch eigentlich weiche, fließende Seide geworden ist. Falls Sie sie anschließend verspinnen möchten, müssen Sie sie vorher auf jeden Fall von Hand auflockern, das heißt, die einzelnen, etwas verklebten Fasern wieder soweit voneinander trennen, dass zwar ihr Zusammenhalt im Band nicht verloren geht, dass sie aber ohne Kraftaufwand gegeneinander verschoben werden können. Gehen Sie dabei genauso vor, wie auf S. 57 ausführlich für Wolle erklärt. Dadurch bekommt die Seide ihren ursprünglichen Griff zurück.

Die Probe rechts auf dem Foto (Abbildung 18) zeigt den Zustand vor dem Auflockern, der Teil auf der linken Seite wurde bereits verzogen und ist zum Spinnen vorbereitet.

Bei diesem Auflockern sehen Sie sehr genau, ob irgendwo – meist im Innern zusammengebackener Faserstränge – ungefärbte Stellen zurückgeblieben sind. In den allermeisten Fällen hält sich die Zahl solcher Fehlstellen jedoch in Grenzen und Sie können sich mit der gerade erworbenen Erfahrung nun daran wagen, eine zweite Probe Ihrer Maulbeerseide mit kräftigen, leuchtenden Farben zu bemalen. Die praktische Vorgehensweise ist dieselbe wie oben beschrieben. Folgen Sie der Anleitung Schritt für Schritt, aber entscheiden Sie sich diesmal für eine eigene Farbkombination nach Ihrem Geschmack.

Manches Mal fällt es gar nicht so leicht, ohne äußere Anregungen oder Hilfen eine Idee für ein Design zu entwickeln. Sollen, wie in diesem Projekt, „starke", konzentrierte Farben verwendet werden, kann die Betrachtung des Farbkreises (Abbildung 7 auf Seite 11) unsere Vorstellungskraft unterstützen.

Abbildung 19: Unser Farbkreis

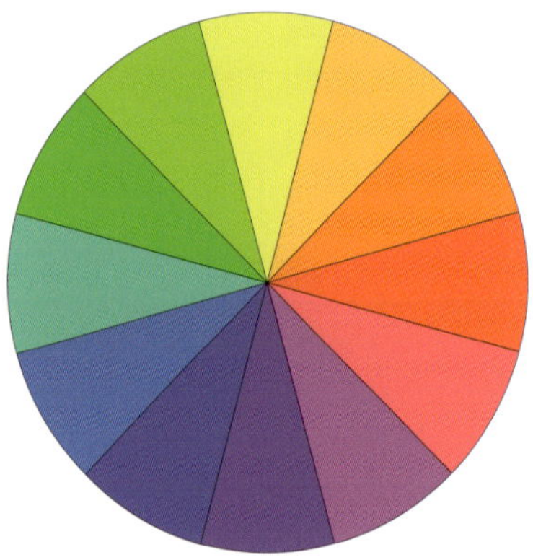

Wenn wir beispielsweise eine Auswahl von drei verschiedenen Farben aus diesem Farbkreis treffen wollen, können diese drei Farben im Kreis in ganz unterschiedlichen geometrischen Konstellationen zueinander stehen und damit auch in ganz unterschiedlichen Farbverwandtschaftsverhältnissen.

Eine Möglichkeit besteht darin, drei Farbtöne auszuwählen, die direkt nebeneinander liegen, also Blau, Blauviolett und Violett oder Magenta, Rotorange und Orange. Der entstehende Farbeindruck wird kräftig, aber ruhig, eben monochrom sein. Wir sehen sozusagen nur eine Farbe mit ihren Variationen.

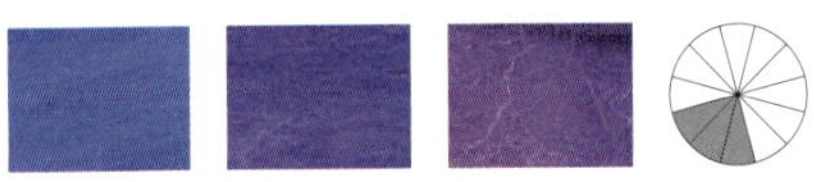

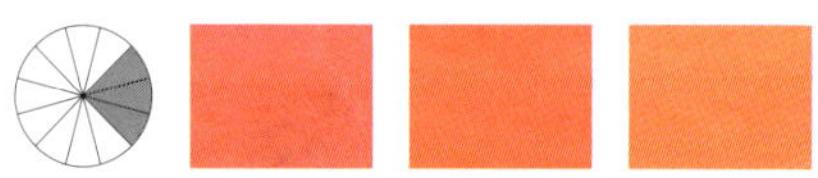

Ein wesentlich interessanteres Bild entsteht, wenn wir den mittleren Farbton einer solchen Dreiergruppe durch seine Komplementärfarbe ersetzen. In unserem Beispiel ergibt das die

Kombinationen Blau, Gelborange und Violett oder Magenta, Blaugrün und Orange.

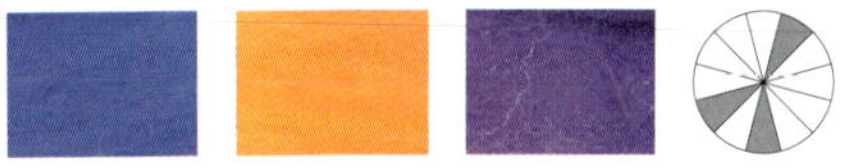

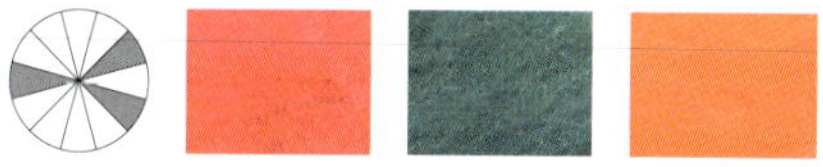

Die beiden nahe beieinander liegenden Farbtöne können dabei als Grundfarben, die Komplementärfarbe als Akzentfarbe verwendet werden. Wir empfinden diese Art der Farbharmonie als spannungsreich und dynamisch.

Drittens besteht die Möglichkeit, drei Farben auszuwählen, die wie die Primärfarben im Abstand von jeweils 120° im Kreis zueinander stehen. Solche Zusammenstellungen wirken leuchtend bunt und dabei ausgewogen, da in ihnen das ganze Spektrum „zu gleichen Teilen" vertreten ist.

Zwei Beispiele hierfür sind die folgenden Kombinationen von Gelborange, Rotviolett und Blaugrün beziehungsweise Rotorange, Blauviolett und Gelbgrün.

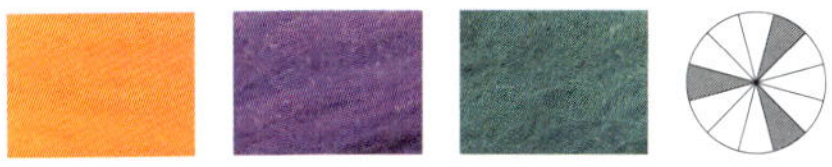

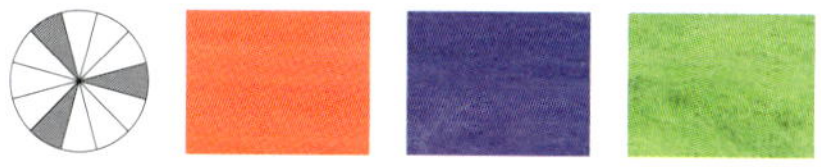

Vielleicht erweisen sich diese Anregungen für Sie als nützlich, wenn Sie Ihre eigenen Farbentscheidungen treffen müssen. Lassen Sie sich jedoch von derartigen Regeln nicht in Ihrer Wahl einschränken, es gibt eine unbegrenzte Anzahl ganz anderer Kombinationen, die mit gleicher Berechtigung verwendet werden können. Hauptsache, Sie haben „Ihre Farben" gefunden ...

Denken Sie auch daran, dass wir die Farben des Farbkreises nur selten in wirklich reiner Form verwenden; in den meisten Fällen empfiehlt es sich, sie etwas abzutönen, sei es durch Abdunkeln oder durch Brechen, wie wir es in den Kapiteln 7 und 8 geübt haben. Außerdem bereichert es Ihr Design, wenn Sie Ihre ausgewählten Hauptfarben durch einige passende Begleitfarben ergänzen.

Wenn Sie einmal Maulbeerseide erfolgreich gefärbt haben, dürfte Ihnen Tussahseide – die am häufigsten verwendete Wildseide – keine Schwierigkeiten mehr bereiten. Sie ist von Natur aus beige bis goldfarben, wird jedoch auch gebleicht angeboten. Besonders bei den dunkleren Qualitäten müssen Sie damit rechnen, dass alle Farben, die Sie auftragen, einen schwach gelblichen oder bräunlichen Unterton erhalten, wie wir das beim Überfärben von Brasil-Wolle gesehen haben (Kapitel 9, S. 31). Je heller Ihr Ausgangsmaterial hingegen ist, umso ähnlicher wird Ihr Färbeergebnis dem sein, das Sie auch auf Maulbeerseide erzielen könnten. Allerdings ist Tussahseide etwas gröber und auch weniger glänzend.

Färben Sie Ihren Tussahseiden-Kammzug genauso, wie ab S. 36 für Maulbeerseide beschrieben; die Farbaufnahme wird in der Regel gleichmäßiger sein. Passend zum Naturton der Tussahseide empfehle ich Ihnen für dieses Projekt gebrochene, gedämpfte Farbtöne, eine „Herbstfarben-Palette".

Können Sie an diesen Mischrezepten erkennen, dass es sich durchweg um Tertiärfarben handelt?

Herbstfarben-Palette

Farbe	Gelb (Yellow)	Magenta (HotPink)	Blau (Blue)	Schwarz (Black)
Gold	60 ml	2 ml	1 ml	
Kupfer	60 ml	12 ml		3 ml
Bordeaux	30 ml	30 ml		5 ml
Braun	40 ml	20 ml	10 ml	
Olivbraun	48 ml	6 ml	5 ml	
Olivgrün	60 ml			8 ml

Das Bild zeigt meine Tussahseiden-Färbung nach dem Trocknen, aber vor dem Auflockern. Wie Sie sehen, ließ sich dieses Material problemlos färben.

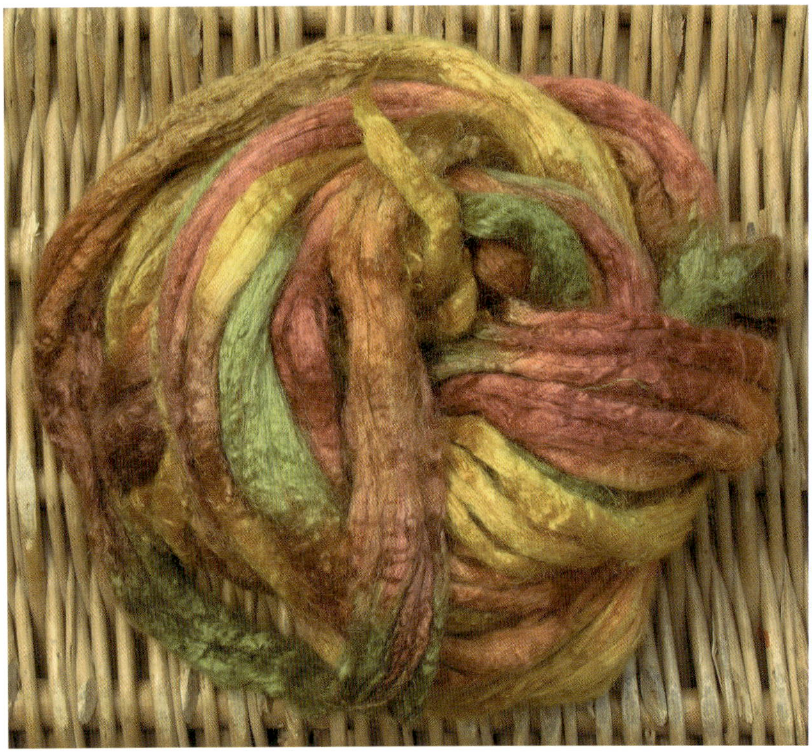

Abbildung 20: Tussahseide in Herbstfarben

Häufig werden im Handel Fasermischungen aus feiner Merinowolle und Tussahseide angeboten. Je gleichmäßiger diese beiden Komponenten zusammenkardiert sind, desto besser wird normalerweise die Farbe angenommen. Mischungen, in denen der Seidenanteil deutlich sichtbar in einzelnen Partien obenauf liegt, verlangen beim Bemalen ähnliche Sorgfalt wie die reinen Seidenkammzüge, sind jedoch – vor und nach dem Färben – optisch besonders reizvoll, da der Seiden- und der Wollanteil das Licht unterschiedlich reflektieren. Bei allen Merino-Tussah-Mischungen muss leider die Gefahr des Filzens besonders beachtet werden, behandeln Sie sie vorsichtig und weichen Sie sie nach der Vorschrift für Wolle ein.

Bei der unten abgebildeten Merino-Tussah-Mischung – wieder in Herbstfarben – sieht man sehr schön, wie ein und derselbe Farbton jeweils unterschiedlich zur Geltung kommt, nämlich matt auf Wolle und glänzend und mit Lichtreflexen auf Seide.

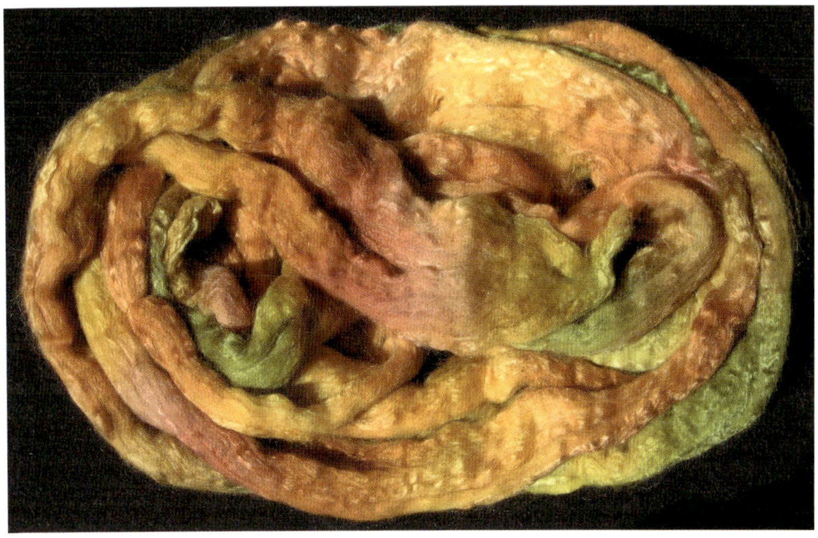

Abbildung 21: Merino-Tussah-Mischung in Herbstfarben

Alle bisher behandelten Seidenqualitäten bestehen aus vielen kurzen Abschnitten des im Kokon ursprünglich endlosen Seidenfadens; vergleichbar den einzelnen Haaren der Schafwolle wurden diese geschnittenen Faserstücke in mehreren Arbeitsgängen geordnet, parallel ausgerichtet und zu einem Band vereinigt.

Eine ganz andere Verarbeitungsweise liegt den sogenannten „Caps" zugrunde: Kokons werden an einer Stelle geöffnet, teilweise degummiert, flächig ausgebreitet und Stück für Stück über einen gewölbten Bambusrahmen gespannt, zahlreiche Kokons übereinander. Auf diese Weise bleibt der Endlosfaden, wie ihn die Raupe produziert, weitgehend intakt, man erhält ein dreidimensionales Gebilde aus vielen hauchdünnen Gespinstschichten. (Die sogenannten „Hankies" werden genauso hergestellt, in diesem Fall ist der Spannrahmen allerdings eben und viereckig.)

Caps lassen sich problemlos bemalen und dann für ganz spezielle Effekte einsetzen. Einzelne Lagen können beispielsweise vorsichtig abgelöst und dekorativ auf einen Olluntergrund aufgefilzt werden. Aber auch ein sehr reizvolles Strukturgarn lässt sich auf einfache Weise herstellen: Ziehen Sie dazu eine möglichst dünne Lage mit beiden Händen flach auseinander, bis es Ihnen gelingt, mit dem Daumen in der Mitte ein Loch zu erzeugen. Weiten Sie den dadurch gebildeten Ring vorsichtig und gleichmäßig, bis er sich an einer Stelle öffnet; dieses Band können Sie entweder am Spinnrad verspinnen oder nur durch weiteres Ziehen mit den Händen auf die gewünschte Stärke bringen und direkt verhäkeln oder verstricken. Wundern Sie sich nicht darüber, wieviel Kraft Sie brauchen, um die Fasern zu verziehen; der sehr stabile Seidenfaden muss dabei immer wieder zerrissen werden. Je größer Sie den Abstand Ihrer Hände zueinander wählen, desto eher werden Sie Erfolg haben.

Wenn Sie das Färben solcher Caps ausprobieren wollen, beachten Sie bitte die folgenden Punkte:

- Weichen Sie sie gründlich ein, wie für den Maulbeerseiden-Kammzug beschrieben.
- Die besten Ergebnisse erhalten Sie, wenn Sie sie frei und großzügig bemalen, so wie die Wollvliesstücke vom Grauen Bergschaf (S. 32); bei der Weiterverarbeitung gehen eventuelle Details der Musterung ohnehin verloren.
- Planen Sie von Anfang an ein, dass sich die Farben von Vorder- und Rückseite bis zu einem gewissen Grad vermischen werden.
- Kontrollieren Sie, dass alle Partien, insbesondere auch im Inneren der Caps, mit Farblösung gesättigt sind.
- Haben Sie mehrere Caps in sehr unterschiedlichen Farben bemalt, sollten Sie sie zum gemeinsamen Fixieren jeweils einzeln in Mikrowellenfolie einpacken, um ein gegenseitiges Abfärben zu verhindern. Ansonsten genügt es, sie locker im Fixiergefäß zu stapeln und insgesamt mit einem großen Folienstück abzudecken. Wählen Sie die Fixierzeit je nach Menge.

Hier sehen Sie eines meiner leuchtend farbigen Caps:

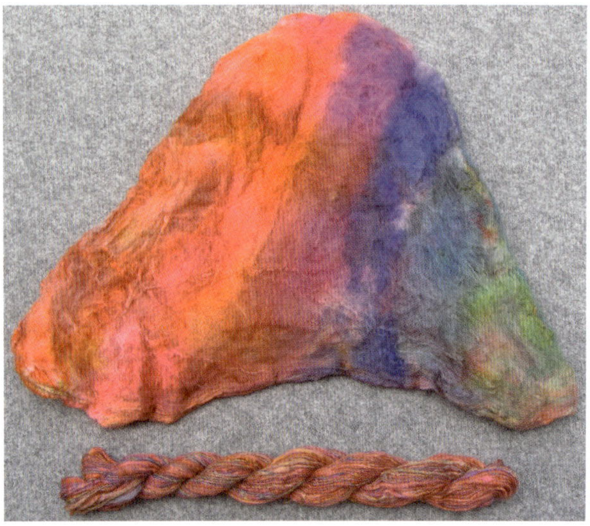

Abbildung 22: Maulbeerseiden-Cap und Garn

Es dominieren satte Rottöne, die durch kleinere Partien von Gold, Blau und Grün ergänzt wurden. Durch Kneten sind zahlreiche Mischfarben entstanden. Der abgebildete Garnstrang wurde am Spinnrad gesponnen, wie oben beschrieben, und zeigt die verwendeten Farben ihren Mengenanteilen entsprechend und zufällig verteilt.

Zum Schluss dieses Kapitels soll noch ein Material erwähnt werden, das in Aussehen und Griff Tussahseide ähnelt, aber eine ganz andere Herkunft hat, die Sojaseide, meist auf englisch „Soybean-Fibre" genannt. Der Name weist bereits darauf hin, dass diese „pflanzliche Seide" aus dem Eiweiß der Sojabohne besteht, das in einem industriellen Verfahren in Faserform gebracht wird, vergleichbar der Zellulose bei der Viskoseherstellung.

Glanz und Stabilität der Sojaseide reichen nicht an ihr natürliches Vorbild heran, aber sie lässt sich gut färben und weiterverarbeiten und stellt zum Beispiel eine Alternative für diejenigen Menschen dar, die die eigentliche Seidenproduktion ablehnen, da sie ja in den meisten Fällen das Töten der Raupen zur Voraussetzung hat.

Sojaseide ist von Natur aus hell apricotfarben getönt, und dementsprechend werden sich alle Farben, die Sie zum Bemalen verwenden, ein wenig in diese Richtung verändern. Bei den ohnehin warmen Rottönen im folgenden Färbeprojekt fällt das nicht ins Gewicht, Violett und Aubergine werden etwas bräunlicher.

ROT–VIOLETT-PALETTE

	Farbe	**Gelb** (Yellow)	**Magenta** (HotPink)	**Blau** (Blue)	**Schwarz** (Black)	**E-Wasser**
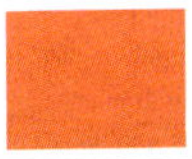	Hellrot	30 ml	30 ml		1 ml	
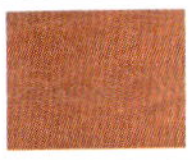	Englischrot	30 ml	30 ml	6 ml	1 ml	30 ml
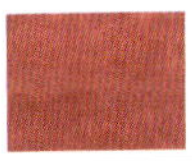	Dunkelrot	6 ml	60 ml		6 ml	
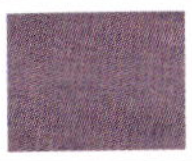	Violett	8 ml	20 ml	20 ml		20 ml
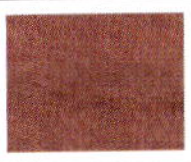	Aubergine	10 ml	30 ml		10 ml	10 ml

Sie können Ihre Sojaseide ohne Schwierigkeit nach dem Rezept für Maulbeerseide (S. 36) färben. Da die Sojaseidenbänder jedoch sehr viel dünner sind als der Maulbeerseiden-Kammzug, sollten Sie die Anzahl der einzelnen Abschnitte deutlich erhöhen, um auf eine ausreichende Gesamtmenge an Färbegut zu kommen. Diese Bänder reißen außerdem aufgrund der geringen Länge der Einzelfasern (6 cm) leicht ab, sodass ich das Bemalen auf die übliche Art und Weise in diesem Fall als zeitraubend und etwas mühsam empfinde und Ihnen daher hier eine wirklich „schnelle" Methode vorstellen möchte:

Greifen Sie sich die Menge an Material, die Sie in einem Arbeitsgang färben möchten, aus Ihrem Vorrat als ungeordnetes Knäuel heraus, viele lange und kurze Stücke gemischt, ohne sich um den Verlauf des Bandes zu kümmern. Die Gesamtmenge sollte später Ihr Fixiergefäß maximal zur Hälfte füllen. Weichen Sie das Knäuel einige Minuten lang ein und drücken Sie es danach gut aus. Legen Sie es insgesamt, so wie Sie es aus dem Bad nehmen, in Ihr Fixiergefäß. Lockern Sie das Faserknäuel mit den Händen auf, bis es wieder in die einzelnen Stränge zerfällt. Gießen Sie nun Ihre vorbereiteten Farblösungen an wechselnden Stellen in kleinen Mengen über die Fasern, wenden und kneten Sie diese dabei, und bemühen Sie sich, Farbe, die sich unten im Gefäß sammelt, sofort mit einem Teil Ihres Knäuels wieder aufzusaugen. Warten Sie nicht ab, bis sich der Überschuss mehrerer verschiedener Farblösungen auf dem Boden Ihres Gefäßes zu einer „undefinierbaren Brühe" vereinigt! Im Notfall können Sie Pfützen mit Küchenpapier entfernen.

Sie sehen, der Vorgang des Farbenmischens wird hier teilweise auf die Fasern selber verlegt, es entstehen automatisch sehr viele Mischtöne und Varianten unserer Ausgangsfarben. Arbeiten Sie nach Ihrem Farbempfinden; je mehr Sie kneten, desto einheitlicher wird die Färbung insgesamt ausfallen. Erscheint Ihnen das Gesamtbild zu langweilig, können Sie durchaus gegen Ende noch einige Akzente nach Ihrem Geschmack ergänzen, etwa Schwarz oder reines Magenta. Möchten Sie hingegen einige Partien relativ hell belassen, sollten Sie von Anfang an zusätzlich mit Essigwasser oder mit sehr stark verdünnter Farbe arbeiten. Entspricht das Ergebnis Ihren Vorstellungen und ist das gesamte Material mit Lösung getränkt, decken Sie die Oberfläche mit einem großen Stück Mikrowellenfolie ab, schließen den Deckel und fixieren wie üblich. Sojaseide scheint schneller auszutrocknen als andere Fasern; einmal ist es mir „gelungen", eine sehr unangenehm riechende, verkokelte Probe zu erzeugen! Kontrollieren Sie daher Sojaseide beim Fixieren besonders genau auf ausreichenden Feuchtigkeitsgehalt.

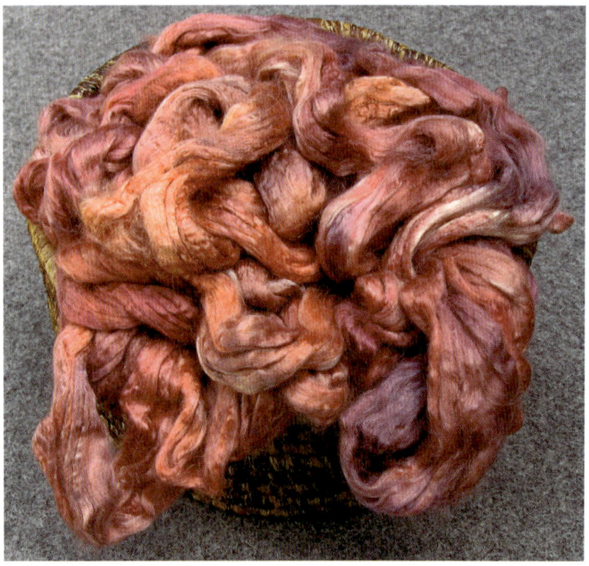

Abbildung 23: Gefärbte Sojaseide

Diese Färbemethode geht sehr schnell, macht Spaß und regt die Kreativität an. Sie hat jedoch selbstverständlich einige Beschränkungen, die wir uns bewusst machen sollten:

- Nicht jede Farbkombination ist für dieses intensive, eher unkontrollierte Mischen auf der Faser geeignet. Sobald Komplementärfarbenpaare in größerem Umfang beteiligt sind, besteht schnell die Gefahr eines trüben oder „schmutzigen" Gesamteindrucks.

- Die Abfolge der Farben auf unserem fertig gefärbten Band wird vollkommen regellos sein; wir können auf diese Art und Weise keinen geordneten Farbrapport erzeugen, wie das für ein anschließendes Verspinnen oft wünschenswert wäre.
- Es lässt sich nicht immer ganz vermeiden, dass der Zusammenhalt und die glatte Oberfläche das Bandes etwas in Mitleidenschaft gezogen werden. Je nach Verwendungszweck müssen Sie die einzelnen Abschnitte – nach dem vollständigen Trocknen – wieder voneinander trennen, zurechtzupfen und sorgfältig auflockern, wie es auf S. 57 beschrieben wird.

12. Garne bemalen

Färben im Strang

Nicht nur Woll- und Seidenfasern, auch die entsprechenden Garne lassen sich selbstverständlich mit Säurefarbstoffen färben. Dicke Dochtgarne zum Stricken, feinstes Kammgarn, Schlingenmohair, edle Knopflochseide – alles wird durch einfaches Bemalen zum individuellen Designergarn. Dabei ist es unerheblich, ob Sie diese Garne vorher selbst gesponnen oder ob Sie sie gekauft haben, Sie sollten lediglich sicherstellen – im Zweifelsfall durch gründliches Waschen –, dass keine Reste von Wollfett und keine imprägnierenden Zusätze oder Spinnöl enthalten sind.

Damit Sie Ihr Garn gezielt bemalen können und sich die Fäden während der Bearbeitung nicht verwirren, müssen Sie das Material zu Strängen wickeln. Am besten geht das mit Hilfe einer Haspel, Sie können sich jedoch auch mit einer Stuhllehne oder den angewinkelten Unterarmen eines geduldigen Familienmitglieds behelfen. Der Umfang Ihres Stranges legt die maximale Länge des späteren Farbrapportes im Garn fest. Schließen Sie die letzte Runde zwischen Fadenende und Fadenanfang, indem Sie einen kontrastfarbenen Baumwollfaden einknoten. Das hilft Ihnen später, den Anfang wiederzufinden. Sichern Sie den Strang, indem Sie ihn an mehreren Stellen mit losen Abbindungen in Form einer Acht, wieder aus Baumwollgarn, versehen. Die Farbe muss später an jeder Stelle, auch unter den Abbindungen, ungehindert eindringen können. Weichen Sie den Strang, je nach Material, ein und drücken Sie ihn gut aus. Legen Sie sich den Strang über Ihre beiden Unterarme und ziehen Sie ihn mit einer ruckartigen Bewegung mehrmals auseinander. Bei diesem „Ausschlagen" von Garnsträngen ordnen sich die einzelnen Gänge wieder parallel zueinander. Breiten Sie den entstandenen Ring locker auf der Arbeitsfläche aus.

Es bietet sich an, diese Ringform – ohne Anfang und ohne Ende – beim Bemalen in einen entsprechenden Farbverlauf umzusetzen. Denken Sie sich für dieses Projekt eine „logische" Farbfolge aus, die in mehreren Farbverläufen verschiedene Stationen miteinander verbindet und am Ende wieder in die Anfangsfarbe mündet. Eine einfache solche Folge bewegt sich beispielsweise von Magenta über Violett nach Blau, von dort über Schwarz wieder nach Magenta zurück. Dabei streifen Sie zwischen Blau und Schwarz Dunkelblau und Schwarzblau, zwischen Schwarz und Magenta verschiedene Brombeertöne. Wenn Sie nicht den „direkten" Rückweg von Schwarz zu Magenta nehmen möchten, sondern an dieser Stelle ein warmes Rot (also Magenta mit etwas Gelb) dazwischenschieben, erhalten Sie im zweiten Teil Ihres Verlaufs ganz andere Zwischentöne, ähnlich wie die beim Mischen von Orange mit Schwarz in Kapitel 7 entstandenen.

Die Farbfolge sieht in diesem Fall so aus:

Magenta – Rotviolett – Violett – Blauviolett – Blau – Dunkelblau – Schwarzblau – Schwarz – Dunkelbraun – Braun – Rost – Rotorange (– Magenta).

Die „Eckpfeiler" solcher Farbverläufe stellen Sie sich im Voraus bereit und tragen sie an den entsprechenden Stellen des Strangs auf, im Beispiel also Magenta, Blau, Schwarz und warmes Rot (oder Rotorange). Die Töne zwischen diesen Stationen mischen Sie sich im Verlauf, genauso wie die Übergänge zwischen den einzelnen Ausgangsfarben und Schwarz beziehungsweise Weiß in Kapitel 7. Beginnen Sie also immer mit der helleren Farbe und geben Sie die dunklere Farbe in kleinen, langsam steigenden Mengen zu. Unerwünschte „Stufen" können durch Kneten ausgeglichen werden.

Bedenken Sie, dass Sie als Fixpunkte Ihrer „Farbwanderung" keineswegs nur die Farben des zwölfteiligen Farbkreises wählen können, jeder Pastellton und jede Tertiärfarbe ist genauso möglich. So liegen etwa dem zweiten der unten abgebildeten Beispiele die Ausgangsfarben Gold – Bordeaux – Braun – Oliv (– Gold) aus der Herbstfarben-Palette von S. 40 zugrunde.

Kontrollieren Sie nach dem Bemalen das Innere Ihres Stranges und alle Abbindestellen auf vollständige Anfärbung. Packen Sie ihn, der Ringform folgend, in ein Stück Mikrowellenfolie ein, das 15 cm länger ist als der Umfang des Stranges, sodass sich Anfang und Ende der Folie entsprechend überlappen können. Fixieren Sie wie üblich; ein Strang aus 100 g Garn lässt sich gut auf einmal bemalen und braucht 3 x 5 Minuten Fixierzeit. Wenn Sie Ihren Strang nach dem Auswaschen nochmals ausschlagen, wie oben beschrieben, und die Position, in der Sie ihn über die Leine hängen, immer wieder wechseln, trocknet er gleichmäßiger und schneller.

Hier sehen Sie die beiden oben beschriebenen Farbverläufe; der linke wurde auf einem feinen, zum Weben bestimmten Kammgarn (Lauflänge 14000 m/kg), der rechte auf einer kräftigeren Strickwolle (Lauflänge 2000 m/kg) gefärbt.

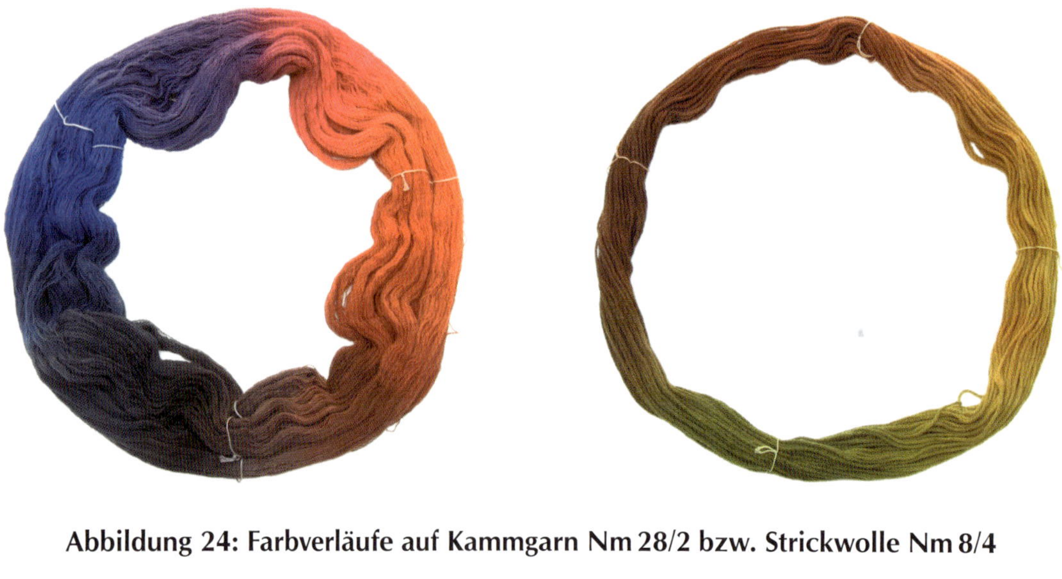

Abbildung 24: Farbverläufe auf Kammgarn Nm 28/2 bzw. Strickwolle Nm 8/4

Auf welche Art und Weise Sie dieses Garn im Anschluss auch immer verarbeiten, ob Sie Socken stricken, einen Schal weben oder viele unterschiedliche Stränge in einem größeren Projekt kombinieren, Sie werden immer feststellen, welche Konsequenz die oben erwähnte Länge des Farbrapports hat. Da jede Wicklung unseres Strangs dieselbe Farbfolge aufweist, wiederholt sich unsere Musterung – dem Umfang des Strangs entsprechend – in sehr kurzen Abschnitten. Unsere Socken oder Schals werden also häufig ganz feine Ringelstreifen bekommen, dabei werden sich die Farben optisch stark mischen. Der Gesamteindruck wird dann meliert sein. Wenn allerdings die Länge des Farbrapports in bestimmten festen Zahlenverhältnissen zum Garnbedarf für eine Reihe beim Stricken oder Weben steht, kommt es zu auffälligen Farbflächenbildungen, weil dann dieselbe Farbe in vielen Reihen übereinander immer wieder an der gleichen Stelle erscheint. Solche Effekte sind zwar theoretisch berechenbar und können damit gezielt erzeugt oder auch vermieden werden, meistens scheuen wir jedoch den dazu nötigen Aufwand und lassen uns einfach überraschen ...

Um eine gezielte großflächige Musterung ähnlich den „Jacquardmustern aus dem Knäuel" beim Sockenstricken zu ermöglichen, braucht es sehr lange Farbrapporte und damit einen sehr großen Strangumfang. Wenn Sie sich ernsthaft für dieses Thema interessieren, können Sie versuchen, über mehrere Schraubzwingen oder auf einem Schärbaum, wie er in der Weberei benutzt wird, Stränge von mindestens 25 m Umfang zu wickeln und diese entsprechend zu bemalen. Planen Sie dabei mehrere einfarbige Abschnitte von jeweils einigen Metern Länge ein, die beim Verstricken farbige Ringel von wenigen Zentimetern Höhe ergeben. Die dazwischen liegenden Partien bemalen Sie in schmalen senkrechten Streifen, wobei Sie immer eine helle und eine dunkle Farbe abwechseln lassen. In der fertigen Socke entsteht an diesen Stellen von weitem der Eindruck eines kleinteiligen Einstrickmusters.

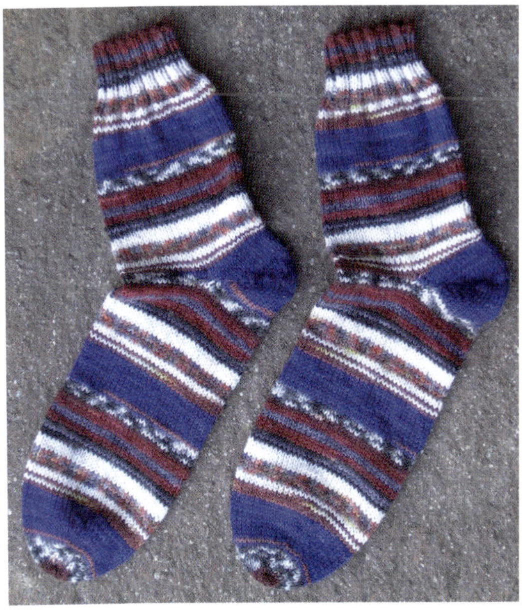

Abbildung 25:
Socken aus selbstgefärbter Sockenwolle

Im links abgebildeten Beispiel betrug der Strangumfang vor dem Färben etwas mehr als 34 m, die blauen Ringel entstanden aus 7,5 m langen, die weißen und roten aus jeweils 2 bis 3 m langen Farbabschnitten. Die „Pseudo-Jacquard-Muster" wurden durch ständiges Abwechseln von Weiß (Essigwasser) und Schwarz in Pinselbreite erzeugt.

Als Faustregel können Sie davon ausgehen, dass eine Strickrunde für eine Damensocke in Größe 40 ungefähr 75 – 80 cm Garn verbraucht (handelsübliche Sockenwolle, Lauflänge 420 m pro 100 g, Nadeln Nr. 2,5).

Es versteht sich von selbst, dass das Einpacken eines solchen Stranges viel Geschick erfordert – und Folie! Im allgemeinen werden wir uns daher darauf konzentrieren, besonders schöne und harmonische Farbkombinationen für unsere selbstbemalten Garne zu kreieren, und uns an den sich zufällig ergebenden Musterungen erfreuen.

Selbstverständlich können Sie Ihre Stränge auch nach der „schnellen" Zufallsmethode färben, die wir in Kapitel 11 an Sojaseide ausprobiert haben. Binden Sie sie dazu aber ganz besonders sorgfältig ab, sonst enden Sie mit einem großen Fadengewirr! Bei dieser Methode werden keine festen Farbrapporte irgendwelcher Art erzeugt, das Endergebnis wird also unregelmäßiger ausfallen als beim Bemalen.

Bemalen von Webketten

Eine ganz spezielle Variante des Garnfärbens ist das Bemalen von Kettsträngen, die später auf dem Webstuhl (oder eventuell auch auf dem Webrahmen) abgewebt werden sollen. Dabei längt man zunächst Kettfäden wie üblich auf einem Schärbrett oder einem Schärbaum ab und bemalt sie dann insgesamt – also als Fadenbündel – von Anfang bis Ende, entweder in einem Farbverlauf oder in Querstreifen. Im einfachsten Fall können alle Kettfäden, die für die gewünschte Gewebebreite notwendig sind, auf einmal geschärt und gemeinsam bemalt werden, dann entsteht eine einheitliche Musterung über die gesamte Breite des Gewebes hinweg. Wenn man jedoch die Gesamtfadenzahl in mehrere Teilketten unterteilt, diese einzeln schärt und unterschiedlich bemalt, lassen sich sehr viel interessantere Längsstreifenmuster gestalten, die auf den ersten Blick an traditionelles Kett-Ikat erinnern.

Wenn Sie ein solches Projekt planen, sollten Sie zunächst Ihre optischen Vorstellungen vom fertigen Gewebe in einer farbigen Skizze festhalten, die die ungefähre Einteilung in die verschiedenen Kettstreifen und deren jeweilige Farbentwicklung über die Länge des Webstücks zeigt.

Berechnen Sie dann Ihre Kette wie üblich: Bemessen Sie dabei die Gesamtlänge großzügig; ich verzichte darauf, den Anfang der Kette (mit dem Fadenkreuz) und das Ende (mit dem Gangkreuz) zu bemalen, sondern schlage diese Abschnitte lieber dem Kettabfall zu, dann können beide Kreuze beim Schären wie gewohnt fest und sicher abgebunden werden, ohne dass die Gefahr mangelhaft angefärbter Partien im fertigen Stück besteht.

Die Gesamtfadenzahl richtet sich nach der gewünschten Gewebebreite, der Dicke Ihres Kettmaterials und der gewählten Bindung. Wenn Sie in Leinwandbindung mit einer etwas erhöhten Kettdichte im Vergleich zum Normalwert für Ihr Garn weben und dazu eventuell noch ein dünneres Schussmaterial benutzen, kommt Ihre Kettmusterung im fertigen Gewebe besonders schön zur Geltung. Für einen Schal beispielsweise, der ja auf Vorder- und Rückseite gleich dekorativ sein sollte, wäre das eine gute Lösung. Wenn Sie ein Gewebe planen, das ohnehin nur von einer Seite sichtbar sein wird, etwa einen Stoff für eine gefütterte Jacke, könnten Sie sich auch für einen Kettköper oder einen Kettatlas entscheiden.

Verteilen Sie die errechnete Gesamtkettfadenzahl in den Proportionen Ihres Entwurfs auf die einzelnen Teilketten. Schären Sie eine Teilkette nach der anderen und sichern Sie jede einzelne mit Abbindungen. (Ein Tipp für Fortgeschrittene, die mit besonders feinem oder empfindlichem Material arbeiten: Schären Sie in jeder Teilkette einige Fäden mehr mit, als

Sie laut Plan benötigen; färben und bäumen Sie sie mit den anderen, aber ziehen Sie sie nicht ein. Sie dienen als Reservefäden, falls Ihnen im Verlauf des Webens Kettfäden reißen sollten.) Die Abbindungen müssen an den Kreuzen und in den Anfangs- und Endschlaufen fest angezogen sein, in dem Bereich der Kette, der bemalt wird, dagegen lose und in Form einer Acht. Denken Sie daran, jede Teilkette so zu markieren, dass Sie später noch wissen, welchem Streifen Ihres Entwurfs sie entspricht. Weichen Sie alle Kettstränge gemeinsam je nach Material ein. Breiten Sie jeweils einen davon, gut ausgedrückt, der Länge nach auf Ihrer Arbeitsfläche aus. Greifen Sie in die End- und Anfangsschlaufen und strecken Sie die Kettfäden, sodass sich der Strang ordnet. Bemalen Sie ihn Ihrem Entwurf entsprechend und befeuchten Sie die unbemalten Anfangs- und Endpartien mit Essigwasser. Packen Sie ihn in Mikrowellenfolie ein, wie für Kammzugstücke beschrieben, und fixieren Sie ihn, je nach Masse alleine oder mit einigen anderen Strängen zusammen.

Nach dem Auskühlen, Waschen und Trocknen vereinigen Sie die verschiedenen Teilketten beim Belegen des Reihkammes nach Plan zur vollständigen Kette.

Das weitere Einrichten des Webstuhls wird wie üblich erledigt. Suchen Sie sich ein Schussgarn aus, das mit Ihren Kettfarben harmoniert und dabei optisch eher zurücktritt. Aufgrund der erhöhten Kettdichte geht das eigentliche Weben schnell voran, und Sie können zusehen, wie Ihr Design Gestalt annimmt.

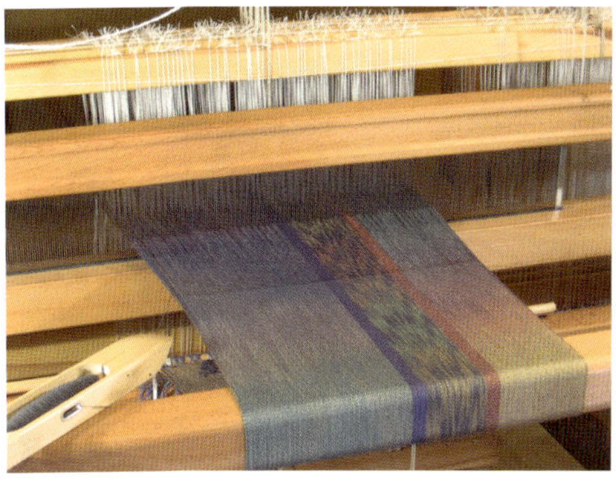

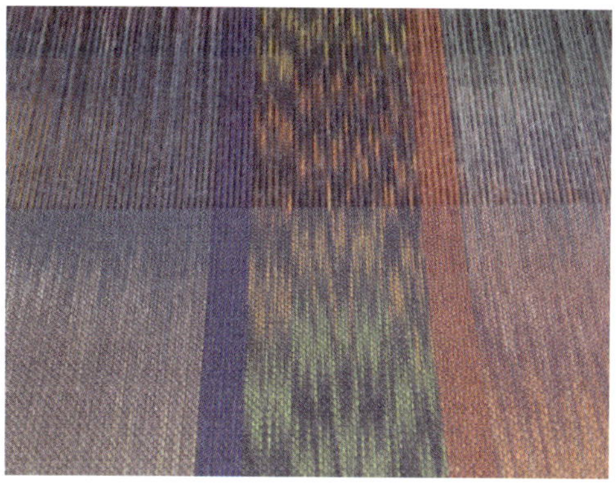

Abbildung 26: Mein Schal während des Webens auf dem Webstuhl

Mein auf der nächsten Seite vollständig abgebildeter Schal setzt sich aus fünf unterschiedlichen Teilketten zusammen; die Ketten für die breiten Abschnitte links und rechts wurden großzügig in Gold-, Blau-, Grün- und Violett-Tönen bemalt. Die beiden schmalen Farbstreifen umfassen jeweils nur zwölf Kettfäden und sind durchgehend goldbraun beziehungsweise dunkelviolett eingefärbt. Der mittlere, lebhafter gemusterte Streifen entstand aus einer in schmalen Hell-Dunkel-Querstreifen bemalten Teilkette, deren einzelne Fadengruppen vor dem Bäumen planmäßig um einige Zentimeter längs gegeneinander verzogen wurden.

Technische Angaben zum Gewebe:
Kettmaterial Tussahseide Nm 9/2, 8 Kettfäden/cm; Schussmaterial Kammgarn Nm 28/2, graugrün, 7 Schussfäden/cm; Leinwandbindung, kettbetont.

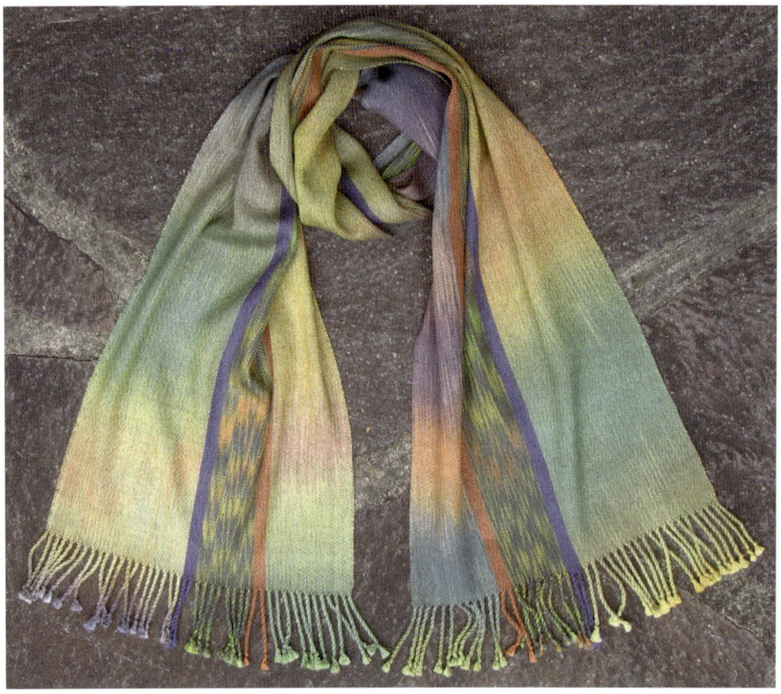

Abbildung 27: Tussahseidenschal aus fünf einzeln bemalten Teilketten

13. Tücher und Stoffe

Sicher haben Sie eine Vorstellung von den Gestaltungsmöglichkeiten, die die klassische Seidenmalerei bietet, und haben entsprechende Beispiele schon in Ihrem Bekanntenkreis oder auf Ausstellungen bewundert: Tücher in leuchtenden Farben, die detailreich und mit klar voneinander abgegrenzten Farbflächen gemustert sind. Die Farbstoffe, die im allgemeinen zum Seidenmalen benutzt werden, entsprechen in Chemie und Verhalten den unseren. Sie werden allerdings in bereits gelöster Form verkauft und enthalten bestimmte Zusätze, die zum Beispiel die Fließeigenschaften und die Gleichmäßigkeit der Anfärbung verbessern sollen. Dementsprechend sind die sogenannten „dampffixierbaren Seidenmalfarben" relativ teuer und für das Färben größerer Mengen an Fasern, so wie wir es praktizieren, unwirtschaftlich.

Umgekehrt können wir jedoch mit unseren Farben und Arbeitsmethoden ohne weiteres auch Seiden- und Wolltücher färben, wenn wir gegenüber der Seidenmalerei gewisse Einschränkungen akzeptieren: Die Farben aneinandergrenzender Flächen werden immer bis zu einem gewissen Grad ineinander fließen, da wir, anders als in der Seidenmalerei, nicht mit Trennmitteln arbeiten, sondern sozusagen mit Farben aquarellieren. Da wir unsere Tücher in feuchtem Zustand fixieren und in irgendeiner Form zusammenfalten müssen, um sie im Fixiergefäß unterzubringen, werden Partien, die sich dabei berühren, auf jeden Fall aufeinander abfärben, es sei denn, wir trennen sie mit Mikrowellenfolie. Große Tücher über ihre gesamte Oberfläche so vollständig und dicht einzupacken, dass die Lagen beim Fixieren an keiner Stelle Kontakt zueinander haben, ist fast unmöglich. Wir müssen uns also, bevor wir uns für ein Design entscheiden, genau überlegen, wie sich dieses auch beim Fixieren erhalten lässt.

Aus diesen Gründen funktionieren für uns alle Techniken besonders gut, die auf eine freie, großzügige Musterung abzielen. Die verschiedenen Beispiele in diesem Kapitel sollen Ihnen einige der Möglichkeiten zeigen.

Crash-Technik

Weichen Sie ein großes Seidentuch oder einen entsprechenden Abschnitt Meterware ein, wie für Seide beschrieben. Es sind sowohl dünne Gewebe wie Georgette oder Pongé 5 geeignet als auch dickere Qualitäten wie Crêpe de Chine oder Satin. Sobald das Wasser soweit abgekühlt ist, dass Sie hineinfassen können, waschen Sie Ihr Tuch zügig durch und drücken es gut aus. Drapieren Sie es vor sich auf der Arbeitsfläche, indem Sie es zu einem unregelmäßigen „Faltengebirge" zusammenschieben. Gehen Sie dabei sorgfältig vor, viele kleine Fältchen sind besser als wenige große. Tragen Sie dann, Ihrem Farbempfinden folgend, verschiedene Farblösungen in kleinen Mengen auf die Oberfläche der Falten auf und lassen Sie sie in die „Täler" einwandern. Beginnen Sie dabei mit helleren beziehungsweise verdünnten Tönen und setzen Sie nach und nach kräftigere Akzente. Es ist Ihnen überlassen, inwieweit Sie die aufgetragenen Farben ineinander fließen lassen und durch Kneten Mischtöne erzeugen; das Endergebnis wird durch diese Entscheidungen maßgeblich beeinflusst. Wenn nahezu die gesamte sichtbare Oberfläche gefärbt erscheint, können Sie das Tuch umdrehen oder es auch ganz neu drapieren, und die weißen Stellen, die sich dabei zeigen, ebenso bemalen. Berücksichtigen Sie dabei, dass diese Seidentücher wenig Substanz haben, also insgesamt nicht viel Farbe aufnehmen können.

Vor dem Fixieren ziehen Sie das Tuch vorsichtig auseinander, um letzte unbemalte oder verbesserungsbedürftige Stellen zu entdecken. Sind Sie zufrieden, schieben Sie es wieder zusammen und legen es in Ihr Mikrowellengefäß. Decken Sie es mit einem Stück Folie ab, schließen Sie den Deckel und fixieren Sie 3 x 2 Minuten; kontrollieren Sie dabei ständig, ob noch genügend Feuchtigkeit vorhanden ist. Nach dem Abkühlen waschen Sie das Tuch wie gewöhnlich aus, rollen es für einige Minuten in ein trockenes Frotteehandtuch und bügeln es anschließend trocken.

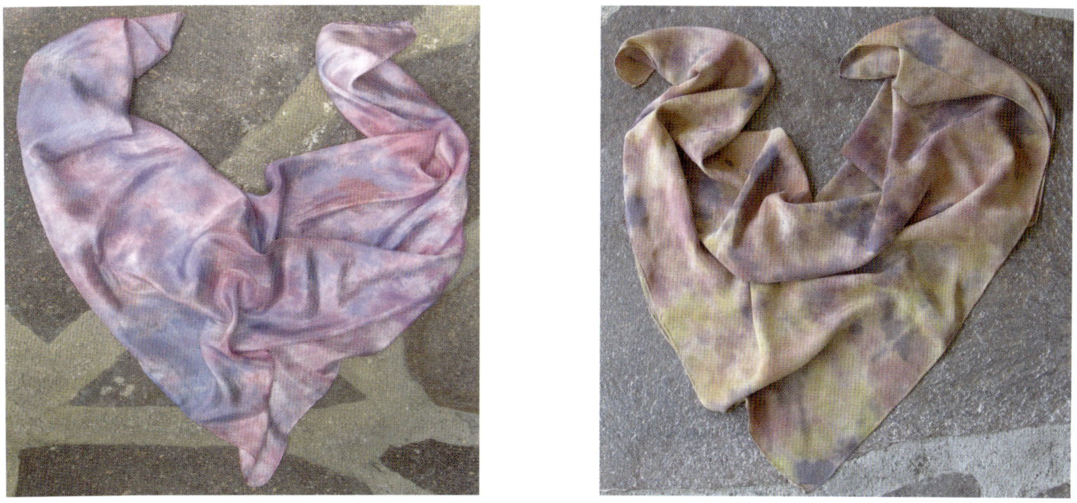

Abbildung 28: Zwei Seidentücher in Crash-Technik

Mit dieser Methode lassen sich lebhaft in Kontrastfarben gestaltete Tücher genauso wie Ton-in-Ton Färbungen erzielen, je nachdem, welche Farben Sie auftragen und wie intensiv Sie kneten. Auf jeden Fall entstehen sehr brauchbare und individuelle Untergründe für alle Nunofilz-Projekte, wenn Sie geeignete Seidenqualitäten einsetzen. Besonders gelungene Einzelstücke sind aber durchaus auch als Dekostoffe, Schals oder für Patchworkarbeiten zu verwenden.

Schal mit Querstreifen

Wählen Sie für diese Technik einen Langschal, entweder aus Seide oder aus dünner Wollmousseline. Weichen Sie ihn je nach Material ein, Wolle vorsichtiger als Seide und bei niedrigerer Temperatur. Breiten Sie den gut ausgedrückten Schal der Länge nach faltenfrei auf Ihrer Arbeitsfläche aus und bemalen Sie ihn in Ihren Lieblingsfarben.

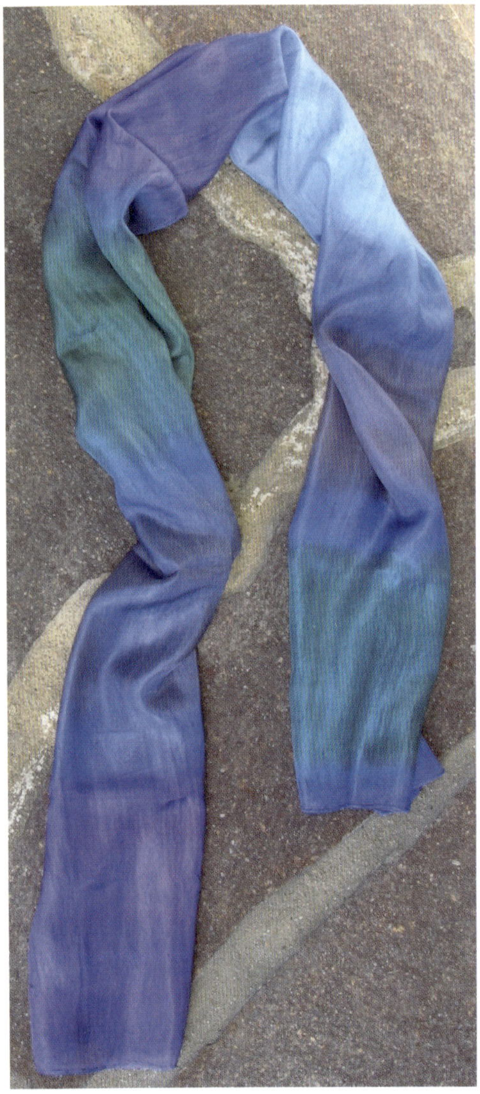

Abbildung 29:
Seidenschal mit Querstreifen

Tragen Sie dabei, wie im nebenstehenden Beispiel, alle Farbtöne in Querstreifen, also senkrecht zur Längskante des Schals, auf, sodass Sie den Schal später in dieser Richtung zusammenschieben können, ohne dass sich unterschiedliche Farben berühren. Sie können mit Streifen beliebiger Breite arbeiten, Sie können viele verschiedene oder nur wenige Farben wählen, die Sie entsprechend oft wiederholen, Sie können kontrastfarbige Streifen nebeneinander setzen oder innerhalb einer Farbfamilie bleiben.

Gehen Sie zum Schluss, wenn nötig, noch einmal mit einem sauberen Pinsel über die Farbübergänge, um sie auszugleichen. Kontrollieren Sie, ob alle Säume ringsum vollständig gefärbt sind, und schieben Sie dann den Schal zu einem Strang zusammen, den Sie, genau wie einen bemalten Kammzug, der Länge nach in Mikrowellenfolie einpacken. Fixieren Sie wie oben, Wolle allerdings 3 x 3 Minuten lang. Lassen Sie Ihren Schal nach dem Abkühlen und Auswaschen kurze Zeit antrocknen und bügeln Sie ihn dann vollends trocken.

Diese Technik können Sie auf sehr reizvolle Art und Weise variieren, wenn Sie sich anstelle des Streifenmusters für einen Farbverlauf von einem Ende des Schals zum anderen entscheiden. Wählen Sie als Anfangs- und Endpunkt entweder zwei verschiedene Farben oder einen Farbton in zwei stark unterschiedlichen Helligkeitsstufen, also beispielsweise Violett und Grün oder Nachtblau und ein zartes Hellblau. Um zu möglichst gleichmäßigen Abstufungen über die ganze Länge des Schals zu kommen, ist es sinnvoll, sich einige definierte Zwischentöne im Voraus zu mischen, etwa im Verhältnis 1:3, 1:1 und 3:1, und sie an den entsprechenden Stellen aufzutragen. Dann müssen nur noch die restlichen Partien, wie in den Kapiteln 7 und 12 geübt, jeweils vom helleren zum dunkleren Bereich hin verlaufend ergänzt werden. Derartige Schals wirken besonders interessant, weil beim Tragen normalerweise beide Enden gleichzeitig sichtbar sind und durch ihre Verschiedenfarbigkeit auffallen.

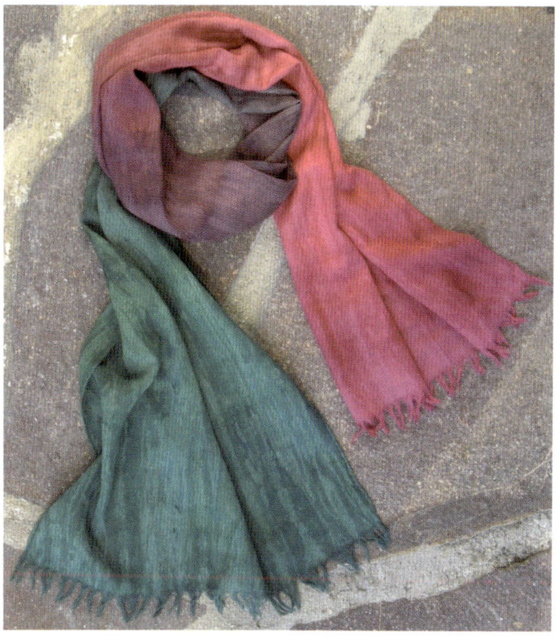

Abbildung 30: Wollschal im Farbverlauf

Natürlich sollten wir bei dieser Art der Bemalung und Fixierung nicht erwarten, dass die einzelnen Farbflächen unserer Schals in sich vollkommen gleichmäßig angefärbt würden. Bedingt durch das Zusammenschieben in Querrichtung vor dem Einpacken in Mikrowellenfolie ergeben sich zahlreiche kleine Längsfältchen, die zwar beim Bügeln wieder verschwinden, die aber während des Fixiervorgangs zu unterschiedlichen Farbkonzentrationen in „Bergen" und „Tälern" des Stoffes und damit zu einer zarten, borkenartigen Musterung führen.

Bei der nun folgenden Methode wird dieser Effekt absichtlich noch verstärkt, hier sind die Fältchen geradezu Programm!

Seiden-Plissée

Diese Technik eignet sich besonders für kräftigere Seidenqualitäten wie Pongé-Seide der Stärke 08 oder Crêpe Satin und große Formate, etwa Schals von 60 – 90 cm auf 170 cm oder entsprechende Meterware. Das Plissieren erfolgt gleichzeitig mit dem Fixieren der Farben in der Mikrowelle.

Bereiten Sie Ihr Material vor, wie bereits beschrieben. Breiten Sie es auf der Folie aus und bemalen Sie die gesamte Fläche großzügig in den gewünschten Farben. Dabei legen Sie lediglich die Grundstruktur Ihrer späteren Musterung fest, etwa Streifen, Zick-Zack-Bänder, Wellen oder unregelmäßige aneinandergrenzende Farbflächen. Da die Seide nämlich beim späteren Plissieren – wie Sie im Folgenden noch sehen werden – sehr stark in beiden Richtungen, längs und quer, zusammengedreht wird, werden sich im Endeffekt Ihre aufgetragenen Farben bis zu einem gewissen Grad miteinander mischen, alle Konturen werden verschwimmen. Arbeiten Sie mit deutlichen Kontrasten in Farbton und Helligkeit, da feine Unterschiede später nicht mehr zur Geltung kommen. Bevor Sie zum Plissieren übergehen, sollte die Seide zwar gut feucht, aber nicht tropfnass sein; eventuell müssen Sie sie vorher ein wenig antrocknen lassen. Legen Sie danach ein Ende des Schals ziehharmonikaartig in Fältchen von ungefähr 1 cm Tiefe. Wenn Sie eine zweite Person zur Verfügung haben, die Ihnen hilft (unbedingt auch mit Handschuhen!), sollte diese nun das gefältelte Ende gut festhalten, solange Sie dieselbe Prozedur am anderen Ende des Schals genauso durchführen. Anderenfalls können Sie das bereits bearbeitete Ende in einem Schraubstock fixieren. Sind beide Enden fein gefältelt, drehen Sie den Stoff unter Längsspannung vorsichtig zu einer straffen Kordel. Bleiben Sie dabei auf jeden Fall über der Abdeckung Ihres Arbeitsplatzes, da Farblösung aus dem Strang herausgepresst wird und herabtropft. Drehen Sie die Kordel so lange, bis sie sich, wenn Sie sie zur Hälfte zusammenlegen, von selbst verzwirnt. Den dadurch entstandenen Doppelstrang drehen Sie nun ein zweites Mal ganz genau so, bis Sie eine vierfache Kordel vor sich haben. Packen Sie diese in Mikrowellenfolie ein und fixieren Sie 3 x 4 – 5 Minuten lang, je nach Stoffgewicht. Feuchten Sie sie zwischendurch mit Essigwasser an, falls nötig. Am haltbarsten wird Ihr Plissée, wenn Sie die Seide in zusammengedrehtem Zustand vollkommen auskühlen lassen. Waschen Sie sie dann aus und bringen Sie sie wieder in Kordelform, wie vor dem Fixieren. In diesem Zustand sollten Sie sie trocknen lassen, was durchaus ein bis zwei Tage dauern kann.

Es ergibt sich ein unregelmäßig marmorierter Farbeffekt, und die vielen kleinen Fältchen reflektieren das Licht in alle Richtungen, sodass die Seide stark glänzt.

Auch hier gibt es Variationsmöglichkeiten, die man ausprobieren sollte:

- Anschließend an das Auswaschen können Sie das Plissée, wenn Sie möchten, durch Ausbügeln weitgehend entfernen. Es wird ein schwacher Crinkle-Effekt zurückbleiben, aber die Seide kann so beispielsweise zu Kleidungsstücken oder Kissenhüllen verarbeitet werden.
- Wenn Sie beim Bemalen keine zu dunklen Farbtöne verwendet haben, können Sie die vierfache Kordel vor dem Fixieren vorsichtig ringsum mit wenig schwarzer Farbe übermalen. Beim Fixieren ergeben sich lebhafte, batikartige Akzente.

Sie sehen, alleine mit dem Färben von Tüchern könnte man über Monate hinweg experimentieren. Denken Sie an einfache Reservierungstechniken wie Knüpfbatik oder Schnurbatik, bei denen Sie durch Knoten oder Abbinden mit Hilfsfäden vor dem Färben bizarre

Muster erzeugen. Denken Sie auch an die klassischen Shibori-Techniken oder an die Möglichkeit, dünne Stoffe mehrlagig in exakt zusammengefaltetem Zustand zu bemalen, um spiegelsymmetrische Muster entlang mehrerer Achsen zu erhalten. Lassen Sie Ihre Phantasie walten!

Zwei meiner Seidenplissée-Tücher – beide aus Crêpe Satin – sind hier abgebildet. Bei dem linken handelt es sich um einen Langschal, der in Zickzack-Streifen bemalt wurde; das quadratische rechte Tuch zeigt den Effekt, der sich durch Übermalen der Kordel mit schwarzer Farbe ergibt.

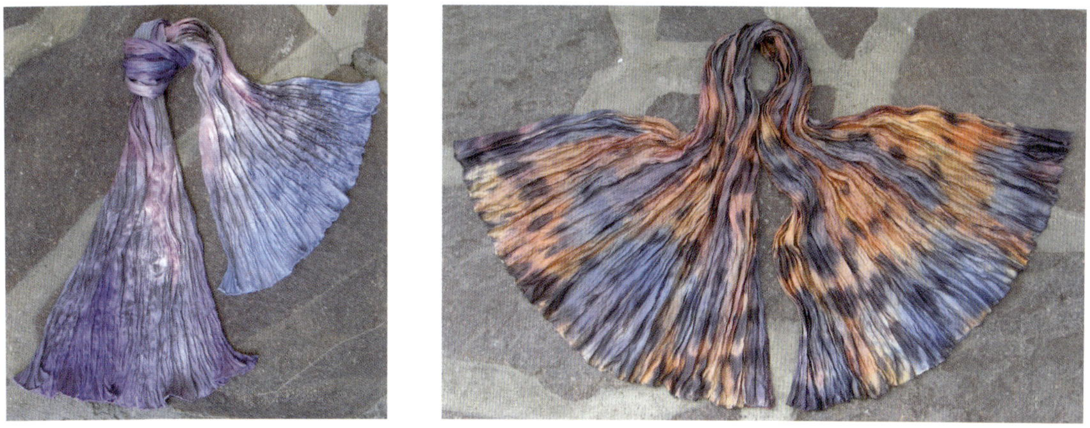

Abbildung 31: Zwei Plissée-Tücher

14. Färben und Spinnen

Selbstverständlich können Sie alle Fasern, die Sie selbst gefärbt haben, anschließend auch verspinnen, ganz egal, für welche Art der Musterung und für welche Färbemethode Sie sich entschieden haben. Oft färben wir ja geradezu auf Vorrat, weil wir eine bestimmte Farbkombination oder ein spezielles Material ausprobieren möchten, und haben zunächst noch gar keinen konkreten Verwendungszweck im Auge.

Manchmal würden wir jedoch schon beim Bemalen gerne wissen, wie sich die Entscheidungen, die wir in Bezug auf Farbverteilung, Streifenbreite, Rapportlänge und so weiter treffen, in einem gesponnenen Garn auswirken werden, weil wir ein ganz bestimmtes Projekt, eine ganz bestimmte Vorstellung verwirklichen wollen.

Um diesen Zusammenhängen auf die Spur zu kommen, bemalen wir im Folgenden vier Proben aus feiner, weißer Wolle auf ganz unterschiedliche Weise. Wir lernen verschiedene Möglichkeiten kennen, diese Proben zu verspinnen, und vergleichen die entstandenen Garne miteinander. Einige Tipps und Tricks aus der Praxis sollen Ihnen dabei das Verarbeiten Ihrer selbstgefärbten Fasern erleichtern.

Für dieses Kapitel habe ich eine Palette von Farbtönen ausgesucht, die ich „Buntstiftfarben" nenne (S. 56); klare, leuchtende Farben, die jedoch im Vergleich zu den Primär- und Sekundärfarben des zwölfteiligen Farbkreises weniger grell oder plakativ wirken. Es handelt sich um universell verwendbare Grundfarben, die sich harmonisch miteinander kombinieren lassen. Wenn Sie sich die zugehörigen Mischrezepte genau ansehen, werden Sie feststellen, dass diese Farbtöne durch einen geringen Zusatz von Schwarz oder der jeweiligen Komplementärfarbe etwas abgedunkelt beziehungsweise gebrochen sind.

Bunststiftfarben-Palette

Farbe	Gelb (Yellow)	Magenta (HotPink)	Blau (Blue)	Schwarz (Black)
Sonnengelb	120 ml	4 ml	1 ml	
Tomatenrot	30 ml	60 ml		1 ml
Dunkelrot	6 ml	120 ml		6 ml
Violett	10 ml	60 ml	60 ml	
Marineblau			120 ml	10 ml
Grün	100 ml	3 ml	50 ml	
Schwarz				60 ml

Greifen Sie sich für jeden Versuch eine entsprechende Anzahl dieser Farben nach Ihrem Geschmack heraus; wichtig ist hier weniger ein ausgeklügeltes Design als eine kontrastreiche Farbkombination, die die auftretenden Effekte im späteren Garn klar erkennen lässt.

Erster Versuch
Bemalen eines Bandes in längeren Farbabschnitten

Weichen Sie acht 1 m lange Stücke einer weißen Kammzug- oder Bandwolle wie üblich ein. Drücken Sie sie gut aus und ordnen Sie sie, exakt hintereinander und parallel ausgerichtet, auf Ihrer Arbeitsfläche an. Sie werden in Querrichtung alle gemeinsam von oben nach unten bemalt. Wählen Sie fünf Farben aus der obenstehenden Palette aus und tragen Sie sie nebeneinander in jeweils 20 cm breiten Streifen auf. Wenn Sie Ihrem Augenmaß nicht trauen, können Sie sich die Streifenbreite mit Kreppband am Rand Ihrer Arbeitsfläche markieren. Halten Sie die Übergangszonen zwischen den einzelnen Farben bei allen Färbeversuchen dieses Kapitels so schmal wie möglich, damit Sie später beim Verspinnen genau sehen können, wie sich die Farbverteilung auswirkt. Schieben Sie alle Bänder zu einem dicken Strang zusammen, packen Sie ihn ein und fixieren Sie wie üblich. Nach dem Auswaschen und Trocknen haben Sie acht identische Abschnitte vor sich; da jeder Ihre gewählte Farbfolge einmal umfasst, entspricht das acht vollständigen Farbrapporten.

Entscheiden Sie, welche Farbe am Anfang und welche dementsprechend am Schluss des Rapports stehen soll, und achten Sie bei der Weiterverarbeitung stets darauf, mit dem „richtigen" Ende zu beginnen. Wie Sie sehen, umfasst meine Streifenfolge die Farben Sonnengelb, Dunkelrot, Schwarz, Tomatenrot und Violett; beim späteren Spinnen und Verstricken habe ich jeweils mit dem violetten Abschnitt begonnen.

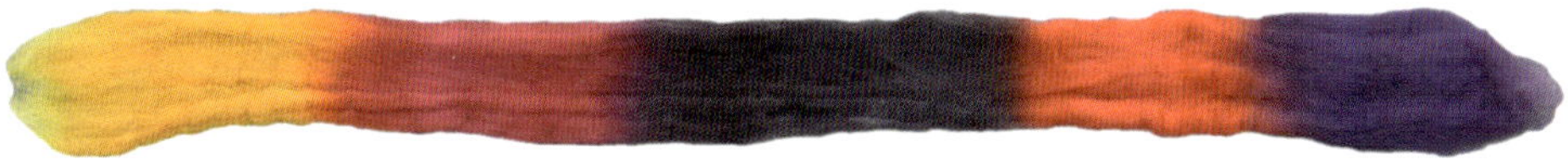

Abbildung 32: Merino-Kammzug, in breiten Streifen bemalt

Auflockern von Fasern nach dem Färben

Jedes Material, ob Wolle oder Seide, das Sie als Kammzug oder Band gefärbt haben, ist danach mehr oder weniger verklebt. Die Luft zwischen den einzelnen Fasern wurde herausgepresst, die Stränge sind dadurch komprimiert. Daher sollten Sie sie stets vor der Weiterverarbeitung sorgfältig wieder auflockern; nur dann können Sie später fein, gleichmäßig und ohne Kraftaufwand spinnen. Üben Sie dieses Auflockern an insgesamt vier Ihrer acht Abschnitte, und zwar so:

Halten Sie einen Abschnitt mit Ihrer linken Hand ungefähr 30 cm von einem Ende entfernt gut fest. Mit der rechten Hand fassen Sie dieses Ende und versuchen, mit kleinen, ruckartigen Bewegungen die Wollfasern zwischen Ihren Händen ein wenig auseinanderzuziehen. Arbeiten Sie dabei energisch, aber „mit Gefühl". Wenn Sie Ihre Hände zu weit voneinander entfernt ansetzen oder zu kräftig ziehen, rutschen die Fasern an irgendeiner Stelle plötzlich ganz auseinander, und Sie haben ein Ende Ihres Bandes abgetrennt, was Sie unbedingt vermeiden sollten. Halten Sie Ihre Hände zu nahe beieinander oder ziehen Sie zu zaghaft, bewegen sich die Fasern gar nicht. Was Sie erreichen wollen, ist ein sanftes Aneinandervorbeigleiten der Fasern, ohne dass der Faserverbund aufgelöst wird. Mit etwas Übung und Erfahrung spüren Sie bald, wieviel Widerstand das jeweilige Material Ihnen entgegensetzt, und passen Ihre Bewegungen automatisch an. Besonders dicke Bänder, die zudem womöglich etwas angefilzt sind, müssen Sie manchmal zuerst in der Breite auseinanderzupfen, bevor sie sich überhaupt verziehen lassen. Ist es Ihnen an der ersten Stelle gelungen, die Wolle etwas zu lockern, fahren Sie auf dieselbe Weise fort, bis Sie am anderen Ende des Abschnitts angelangt sind. Versetzen Sie dazu Ihre linke Hand jeweils um einige Zentimeter nach links und folgen Sie ihr mit der rechten. Besonders fein und gleichmäßig wird Ihr Spinnmaterial, wenn Sie jedes Band insgesamt zwei- oder dreimal bearbeiten. Danach ist es luftig und durchscheinend geworden, und seine Länge hat sich vervielfacht. Bis zu welcher Dicke Sie Ihr Material derart verziehen sollten, hängt natürlich von der Stärke des Garns ab, das Sie anschließend daraus spinnen möchten. Für ein dickes Strickgarn müssen Sie diesen Prozess früher beenden als für ein sehr feines Webgarn.

Bemühen Sie sich, alle vier Abschnitte gleichmäßig aufzulockern; zum Schluss sollten sie alle ungefähr gleich lang sein, und auch jeder einzelne Farbstreifen sollte wieder dieselbe Länge aufweisen. Dann können Sie mit dem Spinnen beginnen. Achten Sie darauf, Anfang und Ende der Farbrapporte nicht zu verwechseln! Schließlich befindet sich auf der Spule Ihres Spinnrades ein fortlaufender Faden, der viermal hintereinander Ihren gewählten Farbrapport zeigt; wenn Sie gleichmäßig gesponnen haben, sind sowohl die Farbrapporte als auch die einzelnen Farbabschnitte in Ihrem Garn von mehr oder weniger konstanter Länge.

Um zu verdeutlichen, was das in der Praxis bedeutet, wenn dieses Garn weiterverarbeitet wird, habe ich einen Teil davon zu einem Probestreifen verstrickt. Wenn Sie mit Ihrem Garn dasselbe ausprobieren möchten, sollten Sie den Teil, den Sie dazu benötigen, vorher dämpfen.

Dämpfen von Einfachgarnen

Solange ein selbstgesponnenes Garn, wie hier, nicht verzwirnt ist, hat es immer einen gewissen Drall, ein Bestreben, sich zu verdrehen. Das kann dazu führen, dass ein Strick- oder Webstück sich verzieht oder einrollt. Durch das Behandeln mit Wasserdampf wird die Drehung der Fasern fixiert und dieser unerwünschte Effekt verhindert. (Allerdings funktioniert die Methode nur bei nicht zu stark überdrehten Garnen.) Wickeln Sie das zu behandelnde Garn zu einem Strang. Bringen Sie Wasser in einem Teekessel zum Kochen, sodass ein kräftiger Dampfstrom aus der Ausgussöffnung austritt. Spannen Sie den Strang abschnittsweise glatt zwischen Ihren Händen und setzen Sie ihn jeweils an dieser Stelle dem Wasserdampf aus. (Vorsicht, Verbrühungsgefahr!) Sie sehen, wie sich die gekräuselten Fasern sofort entspannen, sobald der Dampf sie trifft. Bearbeiten Sie so den ganzen Strang und lassen Sie ihn anschließend kurze Zeit auskühlen und trocknen. Er hängt jetzt normalerweise vollkommen glatt und gerade. Nun können Sie das Garn problemlos verstricken oder verweben.

Wie unschwer vorherzusagen war, ergibt dieses erste Garn ein sehr regelmäßiges Querstreifenmuster, das sich unverändert wiederholt. Je nachdem, wieviel Material bei einem konkreten Projekt für eine Reihe verbraucht wird, erstreckt sich eine Farbe über eine kleinere oder größere Anzahl von Reihen.

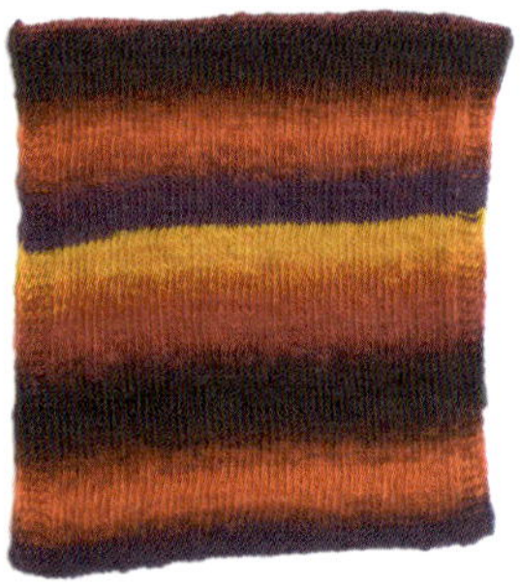

Abbildung 33: Strickprobe mit Blockstreifen

Wenn Sie ein solches Garn – etwa aus Stabilitätsgründen – verzwirnen möchten, die einzelnen Farben dabei aber möglichst rein erhalten bleiben sollen, können Sie mehrere Verfahren ausprobieren; in diesem Fall dürfen Sie Ihr Garn aber natürlich *nicht* vorher dämpfen!

- Verzwirnen Sie es mit einem dünnen, farblich unauffälligen kommerziellen Garn.

- Verzwirnen Sie es dreifach mit sich selbst in Form eines Navajo-Zwirns.
- Verzwirnen Sie jeweils zwei Ihrer Farbrapporte miteinander. Dadurch, dass sie ähnlich, aber nicht genau gleich lang sind, ergeben sich längere einfarbige Abschnitte im fertigen Zwirn, die von kurzen zweifarbigen Abschnitten getrennt werden.

Beim Navajo-Zwirnen verkürzt sich die Länge des Farbrapports und der einzelnen Farbabschnitte im Garn auf ein Drittel, bei den beiden anderen Methoden bleibt sie annähernd gleich.

Die vier bisher noch nicht bearbeiteten Abschnitte aus unserer Färbung bereiten wir ganz ähnlich zum Spinnen vor wie die ersten vier; allerdings zerteilen wir dieses Mal vor dem Auflockern jedes Band der Länge nach vorsichtig in vier gleiche, schmale Bänder. Sie werden feststellen, dass dadurch das Auflockern sehr viel weniger Kraft erfordert als vorher. Verringern Sie den Abstand Ihrer Hände, damit die dünnen Teilbänder nicht abreißen.

Verspinnen Sie alle sechzehn Farbrapporte nacheinander zu einem Garn mit derselben Stärke und Drehung wie im ersten Teil des Versuchs. Sowohl die Länge des Farbrapports im Garn als auch die Länge jedes einzelnen Farbabschnitts reduzieren sich dabei auf ein Viertel. Mein gestrickter Probestreifen sieht jetzt so aus:

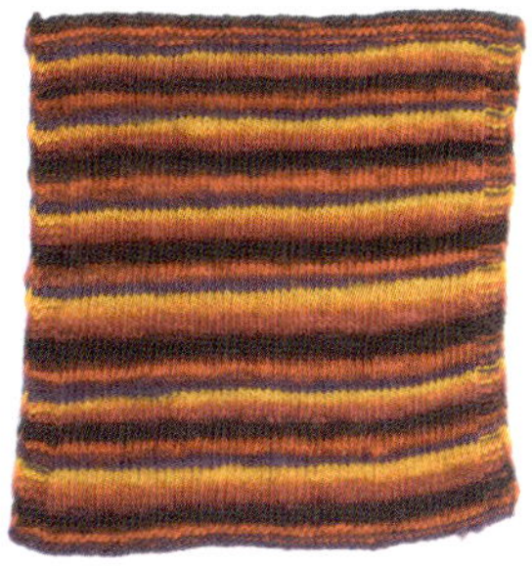

Abbildung 34: Strickprobe mit schmaleren Streifen

Alle Farbstreifen sind schmaler als vorher, die Farben folgen viel dichter aufeinander. Dadurch vermischen sie sich optisch stärker, besonders, wenn man beide Proben von weitem betrachtet.

Ich selbst habe anfangs nicht nur acht, wie in der Anleitung beschrieben, sondern zwölf gleiche Abschnitte gefärbt, um Ihnen noch eine ganz spezielle Art der Weiterverarbeitung zeigen zu können, die für Besitzer von Kardiermaschinen von Interesse ist. Die vier überzähligen Abschnitte wurden gründlich aufgelockert und dann in einem Durchgang auf einer Hand-Kardiermaschine zu einem Vlies gemischt. Dabei habe ich mich bemüht, jeden Farbabschnitt möglichst über die gesamte Breite der Walze zu verteilen. Dieses Vlies besteht demnach aus vielen dünnen übereinanderliegenden Schichten unserer fünf Ausgangsfarben, und das daraus gesponnene Garn erscheint in derjenigen Mischfarbe, die der Kombination aller fünf ursprünglich verwendeten Farblösungen entspricht. In meinem Fall ist das ein Farbton zwischen Rotbraun und Violett. Der gestrickte Probestreifen zeigt dieses Braunviolett als Grundfarbe, die von vielen kleinen Sprenkeln der Ausgangsfarben belebt wird.

Sowohl zur Verwertung von nicht ganz befriedigenden Färbeergebnissen als auch zur gezielten Herstellung bunt melierter Garne finde ich diese Methode nützlich.

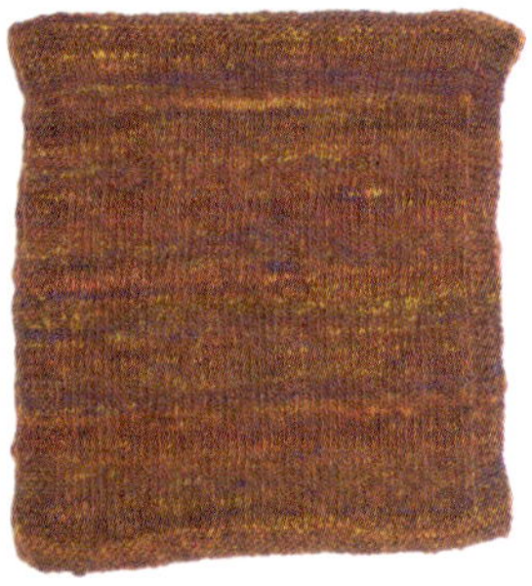

Abbildung 35: Strickprobe meliert

Zweiter Versuch
Bemalen eines Bandes in schmalen Farbstreifen

Da wir später unsere gesamte zweite Probe einheitlich verspinnen wollen, brauchen wir dieses Mal nur vier Abschnitte von jeweils 1 m Länge zu färben. Bereiten Sie sie wie üblich vor und breiten Sie sie, wie im ersten Versuch, vor sich auf der Arbeitsfläche aus.

Sie können mit denselben fünf Farben arbeiten wie bisher oder sich für eine neue Farbkombination entscheiden. Ordnen Sie jeder Farbe einen eigenen Pinsel zu, um ein ständiges Auswaschen zu vermeiden, sonst verschwenden Sie unnötig Farbe und Zeit. Tragen Sie die fünf ausgewählten Farblösungen, immer in derselben Reihenfolge, in ungefähr 3 cm breiten Streifen auf; das entspricht einer Pinselbreite. Jeder vollständige Farbrapport umfasst demnach etwa 15 cm. Wenn Sie absehen können, dass am Ende Ihrer Abschnitte kein ganzer solcher Rapport mehr Platz findet, bemalen Sie diesen letzten Rest stattdessen mit Essigwasser. Schieben Sie alle vier Stränge zu einem zusammen, packen Sie die Probe ein und fixieren Sie sie wie üblich. Nach dem Auswaschen und Trocknen entfernen Sie, falls vorhanden, die ungefärbten Enden. Während des Bemalens, in feuchtem Zustand, wäre das schlecht möglich gewesen.

Abbildung 36: Merino-Kammzug, in schmalen Streifen bemalt

Vierteln Sie nun wieder jeden Abschnitt der Länge nach und lockern Sie alle sechzehn Teilbänder vorsichtig und gleichmäßig. Es fällt auf, dass sich die Farbstreifen dieses Mal schon beim Verziehen sehr viel mehr vermischen als im ersten Versuch. Der Grund hierfür ist folgender: Die durchschnittliche Länge der einzelnen Wollfasern, aus denen unser Kammzug oder Band zusammengesetzt ist, die sogenannte Stapellänge, ist größer als die Breite der aufgetragenen Farbstreifen, sodass also sehr viele Fasern an einem Ende anders gefärbt sind als am anderen. Da wir diese Fasern beim Auflockern nun gegeneinander verschieben, aber nicht zerreißen, werden die Grenzen zwischen den Farbzonen unscharf, benachbarte Farben überlappen sich deutlich. Wenn wir unsere Bänder anschließend – wie im ersten Versuch – verspinnen, zeigt sich dieser Effekt im fertigen Garn daran, dass nur noch an ganz wenigen Stellen die eigentlichen Ausgangsfarben erkennbar sind und ansonsten die Mischtöne vorherrschen. Wo in unserem Rapport starke Helligkeitskontraste zwischen benachbarten Farben bestehen – im Extremfall bei Gelb neben Violett –, erhält das Garn eine spiralförmige Musterung, wie bei einer altmodischen Zuckerstange. Der Gesamteindruck im Probestreifen ist gedämpft, viele dünne Streifchen sind sichtbar.

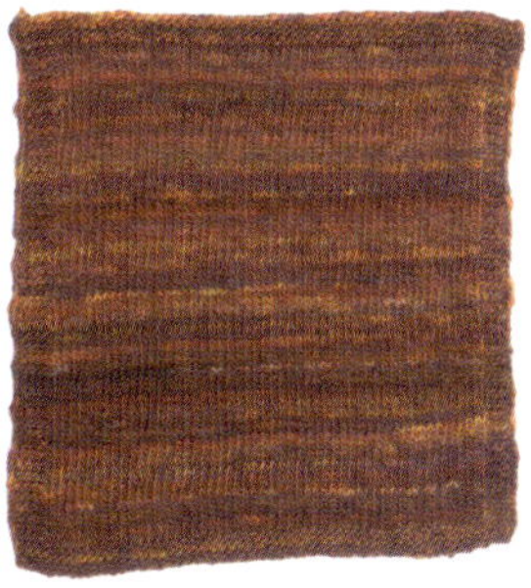

Abbildung 37: Strickprobe mit feinen Streifchen

Ein solches Garn können Sie, wenn Sie möchten, mit sich selbst verzwirnen, ohne auf den Farbrapport Rücksicht zu nehmen.

Dritter Versuch
Bemalen eines Bandes in Längsrichtung

Mit dieser Bemalungstechnik können Sie Ihre eigenen Multicolor-Bänder kreieren, auch ohne über eine Kardiermaschine zu verfügen. Bereiten Sie wieder vier Abschnitte von 1 m Länge wie üblich vor und breiten Sie sie auf Ihrer Arbeitsfläche aus. Zupfen Sie jedes Band besonders sorgfältig in Querrichtung auseinander, bis es möglichst breit und in dünner Schicht vor Ihnen liegt. Entscheiden Sie sich dieses Mal für eine Kombination von vier Farben aus unserer Farbpalette. Bei der Auswahl sollten Sie berücksichtigen, dass diese Farben in Längsrichtung nebeneinander aufgetragen werden, also über die gesamte Länge der Abschnitte aneinanderstoßen und sich zwangsläufig an den Grenzen der Streifen vermischen. Versuchen Sie, sich die entstehenden Mischfarben und ihr Zusammenwirken im Voraus vorzustellen! Bemalen Sie alle vier Abschnitte in gleicher Weise mit einer Farbe nach der anderen. Jeder Längsstreifen nimmt dabei jeweils ein Viertel der Gesamtbreite ein. Legen Sie zum Fixieren alle Abschnitte deckungsgleich aufeinander, packen Sie sie gemeinsam ein und fixieren Sie sie wie immer. Nach dem Auswaschen und Trocknen lockern Sie sie vorsichtig auf, natürlich ohne sie vorher zu zerteilen. Verziehen Sie jedes Band ganz gleichmäßig und in mehreren Durchgängen, damit möglichst kein Farbstreifen an irgendeiner Stelle unterbrochen wird. Je besser Ihnen dies gelingt, desto eher können Sie beim anschließenden Verspinnen ein Garn erzeugen, das wirklich überall alle vier Ausgangsfarben kombiniert. Anderenfalls erhalten Sie ein eher unregelmäßig meliertes Garn, das die verwendeten Farben in wechselnden Anteilen zeigt. Vor allem, wenn Sie sehr fein spinnen, ist dieser Effekt fast unvermeidbar.

Für meine Probe habe ich dieses Mal die Farben Blau, Gelb, Grün und Schwarz ausgewählt; erwartungsgemäß haben sich diese Ausgangsfarben zu einer Vielzahl von Grün- und Blaugrüntönen gemischt. (Wir erinnern uns: Gelb plus Blau ergibt Grün, aber auch Gelb plus Schwarz ergibt Grüntöne, nämlich im Bereich des hellen und dunklen Olivgrüns.)

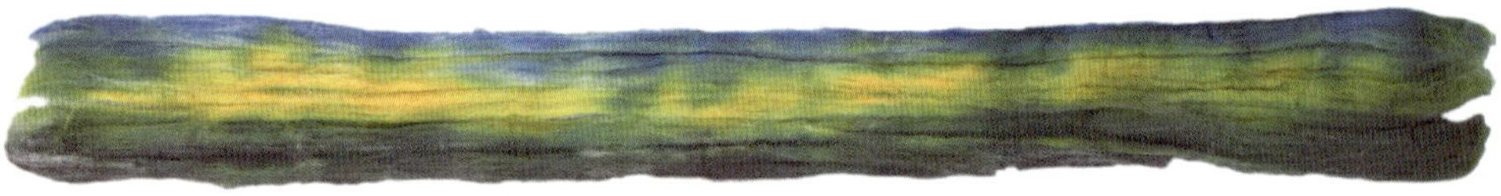

Abbildung 38: Merino-Kammzug, in Längsrichtung bemalt

Das aus dieser Wolle gesponnene Garn wurde als Schussgarn auf einer grauen Wollkette verwebt. Das Flechtköpermuster erscheint in Grüntönen unregelmäßig aquarelliert.

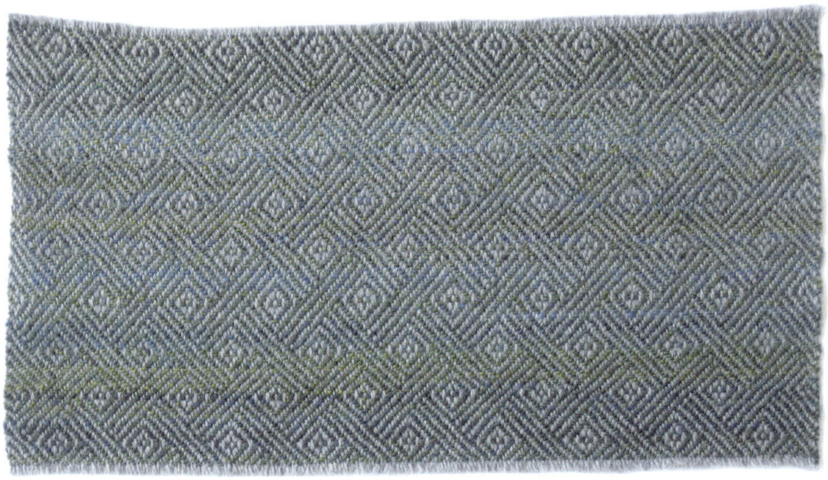

Abbildung 39: Flechtköper, gewebt auf grauer Wollkette

Vierter Versuch
Zufallsfärbung von Wolle im Vlies

Für die vierte Probe brauchen Sie ungefähr 100 g einer weißen Wolle im Vlies. Wir wollen in diesem Versuch feststellen, welche Art von Musterung sich in Garn und Strickstück ergibt, wenn ein Material weiterverarbeitet wird, das ganz frei in vielen Farben sozusagen zufällig gefärbt wurde. (Beispiele hierfür sind auch das graue Bergschaf-Vlies aus Kapitel 9 und das im großen Topf gefärbte Vlies aus Kapitel 15.)

Weichen Sie beliebige Stücke Ihrer Wolle wie üblich ein, drücken Sie sie gut aus und verteilen Sie sie auf Ihrer Arbeitsfläche. Benutzen Sie dieses Mal alle Farben der Buntstiftpalette auf S. 56; setzen Sie ohne System handtellergroße Farbflächen aneinander und kneten Sie dabei – ausnahmsweise – möglichst wenig. Packen Sie alle Vliesstücke in Ihr

Fixiergefäß und trennen Sie die einzelnen Lagen durch Folienabschnitte voneinander, damit die Farben sich nicht zu sehr vermischen. Fixieren Sie die Probe wie üblich, waschen Sie sie aus und lassen Sie sie trocknen.

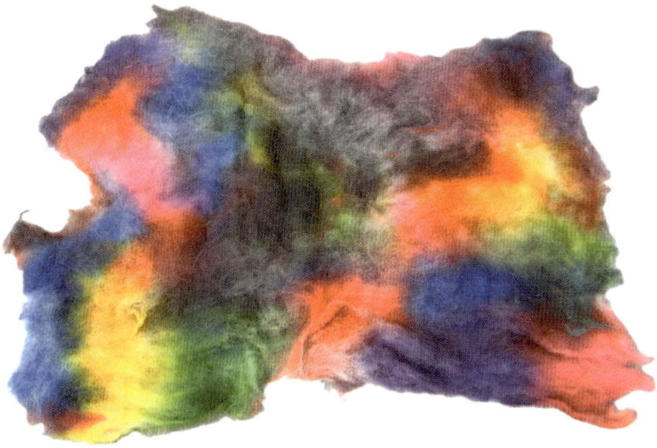

Abbildung 40: Bunt bemaltes Wollvlies

Verspinnen Sie Ihre Wolle so, wie sich die Fasern sozusagen von selbst aus den Vliesstücken herausziehen, ohne steuernd einzugreifen. Das Resultat ist ein lebhaftes, buntes Garn ohne jeden Farbrapport. Die einzelnen Farbabschnitte sind von ganz unterschiedlicher Länge, da nicht jeder Farbfleck am Stück versponnen wird, und es sind viele Mischfarben entstanden.

Ein solches Garn bringt schon soviel „Eigenleben" mit, dass es sich empfiehlt, bei der weiteren Verarbeitung alle zusätzlichen Effekte, etwa durch ein aufwändiges Strickmuster oder eine auffallend musternde Bindung beim Weben, zu vermeiden. In meinem Webbeispiel tritt die Panamabindung zurück und lässt das Schussgarn wirken.

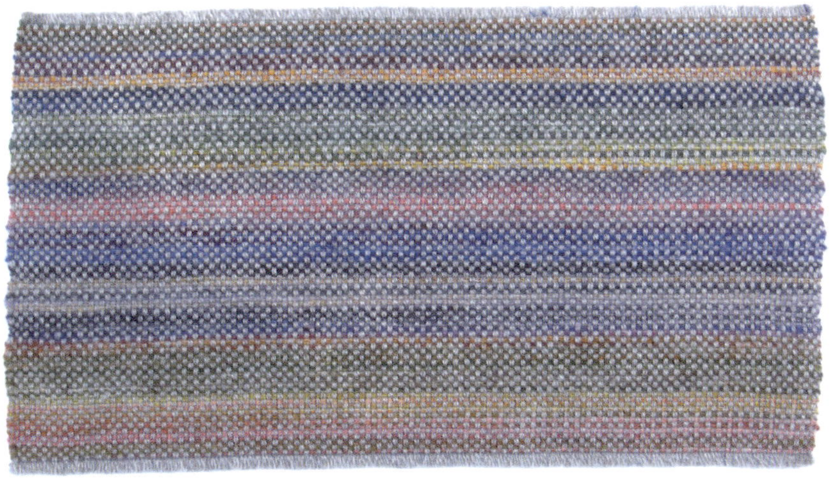

Abbildung 41: Webprobe in Panamabindung, auf grauer Wollkette

Die Verarbeitung gemusterter Garne

Wenn Sie – eigene oder gekaufte – Garne weiterverarbeiten, die nicht einfarbig, sondern auf irgendeine Art und Weise planmäßig gemustert sind, sei es zum Beispiel in Farbrapporten oder in einem Farbverlauf innerhalb eines Knäuels, müssen Sie dabei einige Regeln beachten. Schließlich soll ja die Farbfolge im Garn in genau dieselbe Farbfolge im fertigen Strick- oder Webstück umgesetzt werden.

- Achten Sie beim Übergang von einem Strang oder Knäuel zum nächsten auf den korrekten Anschluss im Rapport. Eventuell müssen Sie den überschüssigen Teil eines Farbrapportes am Anfang des folgenden Knäuels weglassen.
- Die allermeisten Farbfolgen oder Farbrapporte sind unsymmetrisch. Stellen Sie deshalb sicher, dass Sie das Garn in der richtigen Orientierung verarbeiten. Haben Sie sich beispielsweise einmal für die Folge Schwarz – Rot – Gelb – Grün entschieden, dürfen Sie diese mit dem nächsten Knäuel nicht in die Folge Schwarz – Grün – Gelb – Rot umkehren.
- Da Sie beim Weben Ihre Schussspulen von innen nach außen bewickeln, den Faden aber von außen nach innen abziehen, müssen Sie jeweils zweimal hintereinander spulen, um den richtigen Anschluss im Garn zu erhalten. Stellen Sie sich solche Spulen ausnahmsweise nicht auf Vorrat her, um sie nicht miteinander zu verwechseln, sondern nur einzeln, so, wie Sie sie brauchen. Füllen Sie dazu eine Schussspule wie üblich und spulen Sie dann sofort das dort aufgewickelte Garn auf eine zweite Schussspule um; diese können Sie anschließend verweben.

15. Andere Fixiermethoden

Wie bereits erwähnt, hat meiner Meinung nach die Hitzefixierung im Mikrowellengerät überzeugende Vorteile gegenüber anderen Fixiermethoden: sie spart Zeit, und sie bietet eine sonst unerreichte Fülle an Gestaltungsmöglichkeiten. Dennoch sollten auch gewisse Nachteile nicht verschwiegen werden:

Erstens kann in einem Arbeitsgang nur soviel Material gefärbt werden, wie in das Mikrowellengefäß passt. Mehrere genau gleiche Chargen nacheinander zu färben, weil man etwa für ein bestimmtes Projekt eine größere Menge an Fasern braucht, ist sehr schwierig. Generell begrenzt das Volumen des Mikrowellengefäßes die Größe aller Proben, auch wenn Sie beispielsweise mit dem Bemalen und Fixieren von Filzteilen experimentieren möchten.

Zweitens ist das Bemalen und Fixieren, wie in Kapitel 12 beschrieben, nicht unbedingt die sicherste Methode, wenn Garne möglichst gleichmäßig in einer einzigen Farbe gefärbt werden sollen. Manchmal können sich, auch bei sorgfältigem Auftragen der gewählten Farblösung, geringe Helligkeitsunterschiede innerhalb des fertigen Strangs ergeben, möglicherweise deswegen, weil die Restfeuchtigkeit im Material nach dem Ausdrücken nie an jeder Stelle genau gleich ist und in der Folge die Farbaufnahme etwas unterschiedlich ausfällt. Besonders schwierig ist es, gleichmäßige Pastelltöne zu erhalten.

Für derartige Problemfälle möchte ich Ihnen entsprechende Alternativen zu unserem Standardverfahren vorstellen. Aber auch wenn Sie zu Anfang noch kein Mikrowellengerät besitzen, können Sie sich selbstverständlich auf diese Weise behelfen.

Fixieren in strömendem Wasserdampf

Im Mikrowellengerät wird die für die Fixierung benötigte Hitze dadurch übertragen, dass innerhalb der Probe selbst Wasserdampf erzeugt wird. Bei dieser Methode hingegen wird am Boden eines großen Topfes Wasser erhitzt, und das zu fixierende Material wird diesem Dampfstrom ausgesetzt. Dabei muss die Fixierzeit auf eine Stunde erhöht werden, um sicherzustellen, dass nicht nur die Oberfläche, sondern auch das gesamte Innere des Fixiergutes erreicht wird. Ob Sie einen Einkochtopf mit eigener Heizung und Thermostat oder einen großen Topf (Emaille oder Edelstahl) auf einer Kochplatte benutzen, ist unwesentlich. Füllen Sie soviel Wasser ein, dass der Boden wenige Zentimeter hoch bedeckt ist, und geben Sie einen kleinen Schuss Essigessenz hinzu. Bringen Sie Ihre bemalte Probe auf geeignete Weise im Innern des Topfes über der Wasseroberfläche an, beispielsweise auf einem Gitter, das auf Füßchen steht, oder in einem Gemüsedämpfkorb, den sie am Topfrand aufhängen. Der Wasserspiegel darf dabei auf keinen Fall berührt werden. Die Fixierzeit beginnt erst dann, wenn das Wasser kräftig dampft. Schließen Sie dann den Topfdeckel bis auf eine kleine Abzugsöffnung und stellen Sie die Temperatur so ein, dass alles gleichmäßig weiterkocht. Kontrollieren Sie unbedingt, dass Ihr Topf nicht trockenläuft! Durch die ständige Dampfentwicklung wird Wasser verbraucht, das Sie eventuell ergänzen müssen. Nach einer Stunde beenden Sie den Heizvorgang und lassen den Topf samt Inhalt abkühlen. Auf diese Art und Weise können Sie versuchen, größere Fasermengen oder auch ein bemaltes Filzobjekt, das nicht in Ihr Mikrowellengefäß passt, zu fixieren.

Eine spezielle Variante dieses Verfahrens benutze ich gerne, um in einem Arbeitsgang bis zu 1 kg Wolle, bevorzugt im Vlies, in unterschiedlichen, aber sehr gut zusammenpassenden Schattierungen zu färben. Die Vorgehensweise ist dabei prinzipiell zunächst genau so, wie in Kapitel 9 für das graue Bergschaf-Vlies beschrieben. Weichen Sie also soviel Wolle (in handlichen Stücken) ein, wie in nassem Zustand in Ihren Topf passt; sie soll später locker eingeschichtet, nicht gepresst werden. Drücken Sie die Stücke aus und bemalen Sie sie, wie ab S. 32 erklärt. In diesem Fall ist es ganz besonders wichtig, dass am Ende alle Fasern durch und durch mit Lösung getränkt sind. Überarbeiten Sie daher abschließend jedes Vliesstück noch einmal großzügig mit sehr stark verdünnter Farbe in ein oder zwei sanften, gedeckten Tönen, etwa in hellem Blaugrau, Apricot oder Braun. Damit werden gleichzeitig alle verwendeten starken Farben optisch zusammengebunden. (Diesen Effekt haben wir in Kapitel 9 durch die Wahl der naturgrauen Wolle erreicht.) Schichten Sie dann die Vliesstücke direkt in Ihren Topf, bis er locker gefüllt ist. Wenn Sie beim Bemalen mit der richtigen Menge an Farblösung gearbeitet haben, bildet sich durch das Gewicht der Wolle am Boden des Topfes ein flacher Flüssigkeitsspiegel aus herausgepresster Farbe. Ohne diese mindestens 1 cm hohe Flüssigkeitsschicht dürfen Sie den Topf nicht erhitzen, die Wolle könnte sonst anbrennen. Kontrollieren Sie auch während des Fixiervorgangs, dass sich stets Flüssigkeit am Boden befindet und die Wolle sich nicht überhitzt. Diese Fixierung sollten Sie auf keinen Fall unbeaufsichtigt lassen. Nach dem Abkühlen, Waschen und Trocknen können Sie das Ergebnis begutachten: Diejenigen Partien, die im Topf ganz unten lagen und dort in der gemischten Farblösung gekocht wurden, sind normalerweise relativ dunkel. Je weiter oben ein Vliesstück fixiert wurde, desto heller und lebhafter gefärbt ist es; die obersten Lagen sind möglicherweise durch schon zu Anfang herabtropfendes Kondenswasser ein wenig ausgewaschen und daher pastellfarbig. Durch geschicktes Sortieren in mehrere Fraktionen, die Sie anschließend einzeln verspinnen, erhalten Sie beispielsweise eine Serie von farblich abgestuften Garnsträngen, die wunderbar zueinander passen, wie hier zu sehen:

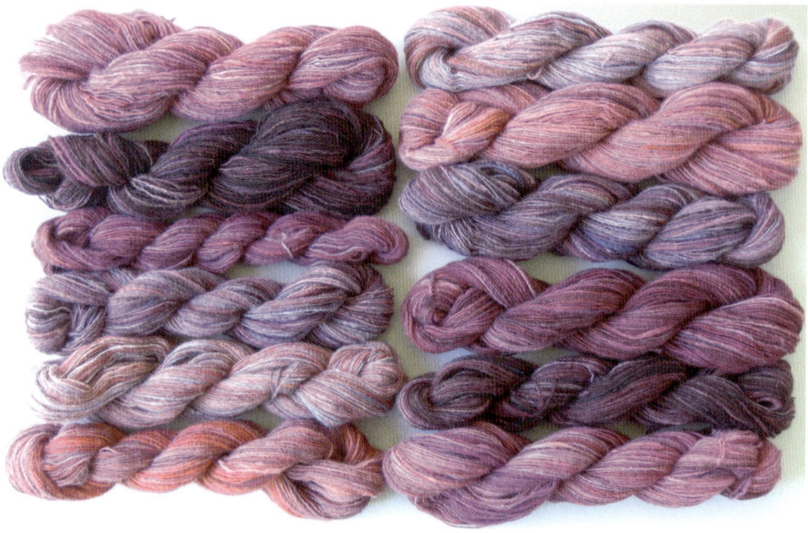

Abbildung 42: Zufallsfärbung in Beerentönen

Färben in Lösung im Kochtopf

Bei allen bisherigen Methoden liefen der Färbevorgang und der Fixiervorgang getrennt voneinander ab; es wurde immer zuerst die Farbe aufgetragen und in einem zweiten Arbeitsgang sichergestellt, dass sich Farbe und Faser verbinden. Hier finden nun beide Prozesse gleichzeitig statt: Während des Kochvorgangs wandern die Farbstoffmoleküle aus der Lösung direkt an die entsprechenden Stellen auf der Proteinfaser und werden dort chemisch gebunden. Dieses sogenannte „Immersionsverfahren" führt, sofern das Fixiergut frei in der Farblösung schwimmt, zu einer recht gleichmäßigen Anfärbung und wird daher im Prinzip ganz ähnlich auch zur industriellen Garnfärbung eingesetzt – neben anderen Methoden.

Solange nicht mehr Farbe zugegeben wird, als die Fasern aufnehmen können, verbraucht sich die Farbe dabei vollständig, und das Bad ist anschließend farblos. Das Mengenverhältnis von eingesetzter Farbe und zu färbender Faser ist daher ausschlaggebend dafür, wie dunkel (konzentriert) oder hell (pastellig) eine Färbung ausfällt. Um auch hier mit unseren Standardlösungen arbeiten zu können, sollten wir ungefähr wissen, wieviel Farblösung jeweils notwendig ist, um bestimmte Helligkeitsstufen zu erzeugen. Der Vollton einer Farbe ist erfahrungsgemäß bei einer ungefähr 2%igen Färbung, nach Gewicht berechnet, erreicht, das heißt, für 100 g Faser brauchen wir dazu 200 ml unserer konzentrierten Farblösung. Mittlere Töne erzielen wir mit 50 ml auf 100 g Faser, Pastelltöne mit noch geringeren Mengen. Leider verhalten sich die einzelnen Farben dabei sehr unterschiedlich. Wie Sie wahrscheinlich noch aus den Versuchen in Kapitel 7 wissen, benötigen beispielsweise verdünnte Grautöne viel weniger Farbe als verdünnte Gelbtöne. Arbeiten Sie deshalb im Zweifelsfall eher mit zu geringen Farbmengen, und geben Sie, falls nötig, nach einiger Zeit weitere Farblösung zu.

Im folgenden Beispiel wollen wir 100 g Tussahseidengarn in einem gedämpften Blauton mittlerer Helligkeit einfärben. Wickeln Sie dazu die Seide zu einem Strang und binden Sie diesen ab, wie auf S. 45 beschrieben. Die Abbindungen dürfen an keiner Stelle das spätere Eindringen von Farbe verhindern, sonst entstehen dort unweigerlich helle Flecken. Weichen Sie den Strang eine Weile heiß ein, wie üblich mit Spülmittel und etwas Essigessenz, und waschen Sie ihn kurz durch, um eventuell vorhandene Rückstände zu entfernen. Drücken Sie ihn aus und legen Sie ihn beiseite. Mischen Sie eine auf jeden Fall ausreichende Menge des gewünschten Farbtons aus den Standardfarblösungen, in diesem Fall aus Blau und einer kleinen Menge Schwarz. Ich habe mich für 60 ml Blau plus 10 ml Schwarz entschieden. Gießen Sie soviel kaltes Wasser in den Topf, dass der Seidenstrang später frei darin schwimmen kann. Die Menge des Wassers beeinflusst hier den endgültigen Farbton nicht! Geben Sie 50 ml der Farbmischung hinzu, also die Menge, die Sie schätzungsweise für einen mittleren Farbton benötigen sollten. (Damit bleibt Ihnen eine Reserve von 20 ml Farbmischung übrig, die Sie später eventuell dazu verwenden können, Ihren erzielten Farbton noch zu vertiefen.) Rühren Sie gut um und legen Sie das feuchte Garn in die Färbelösung. Erhitzen Sie das Ganze nun langsam und unter Rühren bis kurz vor dem Siedepunkt und holen dann mit einer Holzzange oder einem ähnlichen Werkzeug den Strang aus der Lösung. Fügen Sie dem Färbebad einen Schuss Essigessenz zu, rühren Sie um und geben Sie das Garn wieder in den Topf. Nun halten Sie die Seide 20 bis 30 Minuten lang – unter gelegentlichem Umrühren – bei ungefähr 85 °C; sollte nach einiger Zeit die Lösung farblos, das Garn aber für Ihren Geschmack noch zu blass gefärbt sein, können Sie weitere Farbmischung zugeben, müssen dazu allerdings den Strang wieder kurzzeitig aus der Lösung nehmen. Lassen Sie die gefärbte Seide vollständig im Färbebad abkühlen, danach können Sie sie auswaschen und trocknen wie immer.

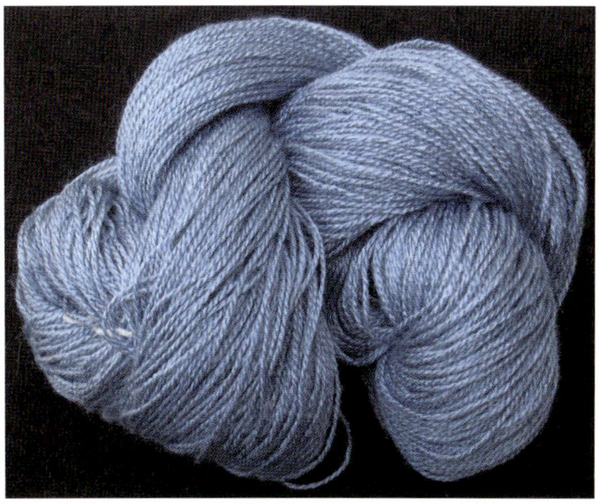

Abbildung 43: Tussahseidengarn, im Kochtopf gefärbt

Der in unserem Beispiel erzielte Farbton entspricht meiner Vorstellung, daher habe ich auf eine weitere Zugabe von Farblösung (über die anfangs eingesetzten 50 ml hinaus) verzichtet.

Wenn Sie nach dieser Methode Wollstränge färben, erhöhen Sie die Temperatur nach der Zugabe der Essigessenz bis zum Siedepunkt und lassen die Wolle 30 Minuten lang sanft köcheln. Leider müssen Sie dabei natürlich die Gefahr des Verfilzens im Auge behalten. Rühren Sie dann nur soviel wie unbedingt nötig, um eine gleichmäßige Anfärbung zu bekommen, anderenfalls beschädigen Sie das Material. Insgesamt ist im Topf die thermische und mechanische Belastung viel höher als beim Färben in der Mikrowelle, sodass man sich hier möglichst auf nicht zu empfindliche Fasern und Garne beschränken sollte.

Fixierung im Backofen

In manchen Anleitungen wird das Fixieren von vorher bemalten Proben im Backofen empfohlen. Das noch feuchte Material wird dabei in einer feuerfesten Form bei 100 °C 45 bis 60 Minuten lang erhitzt. Diese Methode hat den Vorteil, dass auch große Stücke bearbeitet werden können, etwa auf Rohre gewickelte Shibori-Stoffe oder Filzteile. Trotzdem rate ich aus mehreren Gründen von der Backofen-Fixierung ab:

- Im Backofen wird trockene Hitze erzeugt. Es ist daher schwierig, immer sicherzustellen, dass bis zum Ende der Fixierzeit genügend Feuchtigkeit im Fixiergut vorhanden ist.
- Fettreste im Backofen können das Ergebnis beeinflussen.
- Im allgemeinen steht wohl kaum ein eigener Backofen nur zum Färben zur Verfügung, viel weniger als ein Mikrowellengerät. Meines Wissens ist eine konkrete Gesundheitsgefahr nie nachgewiesen worden; wer aber den Geruch der Dämpfe kennt, die sich beim Fixieren entwickeln, wird, wie ich, in den Resten dieser „Atmosphäre" anschließend keinen Obstkuchen mehr backen wollen …

Meiner Erfahrung nach ist es – mit etwas Überlegung – immer möglich, auf eine bessere Fixiermethode auszuweichen.

16. Färben mit Lebensmittelfarben

Dass beim Färben mit Säurefarbstoffen gewisse Sicherheitsmaßregeln beachtet werden müssen, wurde bereits ausführlich in Kapitel 3 erörtert. Lebensmittelfarben dagegen enthalten Farbstoffe, die speziell auf ihre Ungiftigkeit beim Verzehr hin ausgewählt sind, die also zumindest bei Hautkontakt und versehentlicher Aufnahme kleinster Mengen – etwa durch Verunreinigungen in der Küche – nach menschlichem Ermessen keinerlei Risiko darstellen dürften. Somit entfällt beim Färben mit Lebensmittelfarben die Notwendigkeit, sich eine separate Ausstattung an Gefäßen und Hilfsmitteln bis hin zum Mikrowellengerät anzuschaffen. Zudem werden diese Farben nicht nur als Pulver, sondern oft auch in bereits gelöster Form verkauft, sodass Sie sich in diesem Fall das Hantieren mit dem reinen Farbpulver ersparen können. Die „haushaltsüblichen" Gefahren durch heißen Wasserdampf und Essigessenz bleiben allerdings bestehen, auch gegen Flecken auf Haut, Kleidung und Umgebung sollten Sie sich schützen wie beschrieben. Lassen Sie daher Kinder auch mit diesen ungiftigen Farben nicht alleine arbeiten.

Lebensmittelfarben-Sortimente werden von vielen Herstellern angeboten und sind unter anderem im Bäckerei-Fachbedarf zu beziehen oder auch in Apotheken zu bestellen. Normalerweise werden keine Anleitungen mitgeliefert, die sich auf das Färben von Textilien beziehen, sodass Sie hier auf eigene Faust etwas experimentieren müssen. Ich orientiere mich hierbei bezüglich des Essigessenz-Zusatzes und der Fixierzeiten an den Erfahrungen, die ich mit den Ashford-Farbstoffen gemacht habe, rühre also beispielsweise meine Farblösungen genauso an. Allerdings verdünne ich die die Lebensmittelfarben beim Bemalen stärker, um übermäßiges Ausbluten zu verhindern (siehe unten).

Zu Demonstrationszwecken habe ich für Sie auf diese Weise mit den Lebensmittelfarben „Gelb", „Rot" und „Blau" der Firma Deko Print (Bezugsquellenhinweis S. 78) einen zwölfteiligen Farbkreis auf Merino-Kammzug gefärbt.

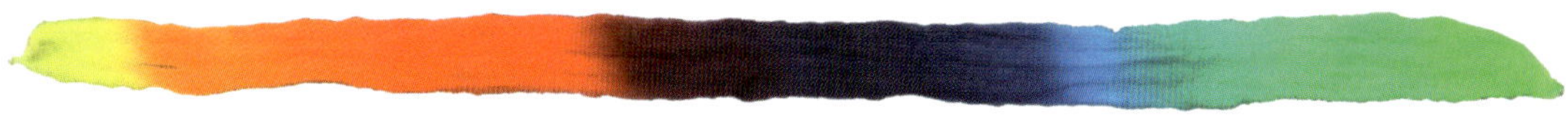

Wenn Sie das Ergebnis mit Ihrem in Kapitel 6 selbstgefärbten Ashford-Farbkreis (S. 15) vergleichen, sehen Sie, dass der Rot-Ton dieser Lebensmittelfarben im Gegensatz zur Farbe „Hot Pink" der Firma Ashford einen Gelbanteil hat; daher lassen sich keine klaren Violett-Töne durch Mischen mit Blau erzeugen, der gesamte Bereich zwischen Rot und Blau ist durch diesen Gelbanteil gebrochen. Es entstehen hier Aubergine- und Grauviolett-Töne, also tertiäre Farben. Dagegen ist das Blau dieser Lebensmittelfarben näher an der eigentlichen Primärfarbe Cyan als das Ashford'sche „Blue", sodass wir sehr klare kalte Türkis- und Grün-Nuancen erzeugen können.

Auf derartige Abweichungen vom Gewohnten müssen Sie sich einstellen, wenn Sie das Färben mit Lebensmittelfarben ausprobieren wollen. Sobald Sie die grundlegenden Gesetzmäßigkeiten des Farbenmischens einmal beherrschen und einige Erfahrungen mit den von Ihnen ausgewählten Lebensmittelfarben gesammelt haben, wird Ihnen auch hier eine vielfältige Farbpalette zur Verfügung stehen.

Insgesamt sehe ich das Färben mit Lebensmittelfarben als gute Möglichkeit an, probeweise und mit geringem Aufwand in die Materie einzusteigen. Wenn Sie sich aber zu den ambitionierteren Färbern zählen und beabsichtigen, über einen längeren Zeitraum auf diesem Gebiet zu arbeiten, sollten Sie auch die Nachteile bedenken, die die Verwendung von Lebensmittelfarben mit sich bringen kann:

- Sie sind relativ teuer, zumindest in kleinen Mengen.
- Sehr dunkle, intensive Färbungen, so wie sie mit den Ashford-Farben ohne weiteres erzielt werden können, neigen meiner Erfahrung nach beim Färben mit Lebensmittelfarben zum Ausbluten. Daher sollten Sie sich hier mit Farbtönen mittlerer Intensität zufrieden geben und Ihre Lebensmittelfarblösungen stärker verdünnen, als das bei eigentlichen Textilfarben notwendig ist.

- Manchmal ergeben sich unvorhersehbare Schwierigkeiten. Beispielsweise lässt sich meine gelbe Lebensmittelfarbe auf Seide nicht ausreichend fixieren und wäscht sich fast vollständig wieder aus.
- Lebensmittelfarben sind ihrem eigentlichen Verwendungszweck entsprechend auf Ungiftigkeit optimiert, aber nicht auf andere Eigenschaften, die für eine dauerhafte Färbung von Textilien wichtig sind, beispielsweise auf Waschechtheit oder Lichtechtheit über längere Zeit hinweg. Möglicherweise könnte also Ihr mit großem Aufwand selbst gefärbter und gestrickter Fair-Isle-Pullover sehr schnell und ungleichmäßig „erbleichen". Um das mit Sicherheit auszuschließen, müssten Sie jeden verwendeten Lebensmittelfarbstoff vorher auf Lichtechtheit prüfen. (Eine Hälfte des oben abgebildeten Farbkreises habe ich allerdings auf unserer sonnigen Süd-Loggia acht Wochen lang dem Sonnenlicht ausgesetzt und war überrascht, wie gut die Farben diesen Härtetest überstanden haben!)

Sonstige Lebensmittelfarben-Zubereitungen

Außer mit den reinen Lebensmittelfarbstoffen können Sie natürlich auch mit entsprechenden Zubereitungen experimentieren, die zu unterschiedlichen Verwendungszwecken im Handel erhältlich sind: Reste von Ostereierfarben beispielsweise können durchaus zu einer schnellen Zufallsfärbung auf Wolle aufgebraucht werden. Auch die „Kool-Aid®" genannten Brausegetränkepulver des amerikanischen Herstellers Kraft Foods Inc. können aufgrund ihres Gehalts an Lebensmittelfarbstoffen zum Färben von Proteinfasern verwendet werden. Entscheiden Sie sich aber unbedingt für die zuckerfreie Variante! Bezüglich der Nachteile gelten natürlich die oben geäußerten Bedenken in besonderem Maß, Vorteile sind für mich gegenüber den reinen Lebensmittelfarben nicht erkennbar.

FAQ – Fragen aus der Praxis

? Woran kann es liegen, wenn meine gefärbte Wolle nach dem Fixieren beim Auswaschen noch große Mengen Farbe abgibt? Ist Abhilfe möglich?

Dafür sind verschiedene Ursachen denkbar, die natürlich auch unterschiedliche Gegenmaßnahmen erfordern.

Wenn beim Auswaschen und Spülen immer wieder Farbe austritt, die Wolle dabei aber sehr kräftig gefärbt ist und auch nicht merklich blasser wird, ist es wahrscheinlich, dass Sie versehentlich mit einem großen Farbüberschuss gefärbt haben und die Wolle nicht alle Farbe aufnehmen konnte. Sie werden einige Spülgänge mehr brauchen als sonst, aber dann wird das Ausbluten aufhören, und die Färbung ist damit in Ordnung. Behalten Sie die Gefahr des Verfilzens im Auge, wenn Sie so gründlich auswaschen müssen!

Sollte die Farbabgabe in aufeinanderfolgenden Spülgängen dagegen nicht abnehmen und die Wolle dabei immer blasser werden, haben Sie möglicherweise nicht lange genug oder nicht mit ausreichender Heizleistung fixiert. In diesem Falle sollten Sie die Wolle aus dem Spülbad nehmen, sanft ausdrücken, in Essigwasser tauchen und dann einige Minuten nachfixieren. Die so entstandene Färbung müsste beim anschließenden Auswaschen stabil sein.

? Kann ich ein Seiden-Baumwoll-Mischgarn mit Säurefarbstoffen färben?

Prinzipiell ja. Theoretisch färben Säurefarbstoffe nur den Seidenanteil eines solchen Mischgarns, der Baumwollanteil bleibt ungefärbt, da Baumwolle als Zellulosefaser nicht in der gewünschten Weise mit den Säurefarbstoffmolekülen reagieren kann. Es ist also bei einer solchen Färbung ein insgesamt helleres Färbeergebnis zu erwarten als beispielsweise bei einem reinen Seidengarn, da die helle Naturfarbe der Baumwolle erhalten bleibt und sich optisch mit der Farbe der gefärbten Seide mischt. Ob dieses Garn dann lediglich insgesamt heller, ob es meliert oder gar fleckig erscheint, hängt davon ab, wie gleichmäßig Baumwoll- und Seidenanteil im Ausgangsmaterial vermischt waren. Da es zudem in der Praxis vorkommen kann, dass sich auch im Baumwollanteil unvorhersehbare Verfärbungen festsetzen, würde ich empfehlen, zunächst nur eine kleine Probe zu färben, um zu sehen, ob das Ergebnis Ihren Wünschen entspricht. Auf jeden Fall sollten Sie ein solches Mischgarn nach dem Färben besonders gründlich auswaschen und spülen.

? Kann ich auch das Regenbogen-Färbeset der Firma Ashford benutzen?

Selbstverständlich, Sie werden damit aber eine im Vergleich zu meiner Auswahl an Grundfarben eingeschränkte Farbpalette erzielen. Das Regenbogen-Färbeset der Firma Ashford besteht aus den Farbtönen „Yellow", „Blue" und „Scarlet", enthält also neben Blau und Gelb ein warmes, orangestichiges Rot, eben ein Scharlachrot („scarlet" = Scharlach). Dadurch werden alle Mischtöne zwischen Rot und Blau – also der gesamte Violettbereich – bräunlicher. Durch Mischen aus „Scarlet" können Sie also keine klaren, „kalten" Violett-Töne, aber auch kein kaltes Rot, kein Pink und keinen kühlen Rosa-Ton erzeugen. (Schließlich lässt sich der im „Scarlet" enthaltene Gelbanteil ja nicht „entfernen".) Umgekehrt können wir uns die Farbe „Scarlet" sehr einfach aus „Hot Pink" und einer kleinen Menge Gelb mischen.

? Ich liebe Lachs- und Apricot-Farbtöne, habe aber Schwierigkeiten, sie zu mischen.

Probieren Sie einmal folgende Vorgehensweise aus:

1. Schritt Mischen Sie sich einen Orangeton aus den Standardfarblösungen Gelb und (wenig) Magenta. Je mehr Magenta Sie dabei dem Gelb zufügen, desto rötlicher (und damit lachsfarbener) wird Ihre Endfarbe später ausfallen, ein höherer Gelbanteil führt dagegen zu Apricot-Tönen.

2. Schritt Versetzen Sie diese Mischung vorsichtig (tropfenweise!) mit schwarzer Farblösung und geben Sie großzügig Essigwasser hinzu, bis Ihr gewünschter Farbton erreicht ist.

Meine Vorschläge sind:

	Farbe	**Gelb** (Yellow)	**Magenta** (HotPink)	**E-Wasser**	**Schwarz** (Black)
	Lachs	5 ml	3 ml	22 ml	3 Tropfen
	Apricot	8 ml	2 ml	20 ml	3 Tropfen

? **Warum verwenden wir anstelle der Ashford-Farbe „Blue“ nicht die Farbe „Teal“, das Türkisblau? Dieser Farbton scheint – zumindest in Verdünnung – der theoretischen Primärfarbe Cyan doch ähnlicher zu sein.**

Das ist eigentlich richtig. Allerdings führt die Verwendung von „Teal“ in der Praxis des Farbenmischens zu Blau- und Violett-Tönen, die von vorneherein einen merklichen Grauanteil in sich tragen, also bereits deutlich gebrochen sind. (Dieser Effekt entsteht durch die Gelbkomponente im Türkis, es ist eben kein „Cyan“!) Ein leuchtendes, helles Blau oder ein klares Violett können aus „Teal“ nicht gemischt werden. Da ich auf diese Farbtöne nicht verzichten möchte, habe ich mich für „Blue“ als blaue Standardfarbe entschieden. Wenn Sie jedoch andererseits auf besonders klare und intensive Grün- und Blaugrün-Nuancen Wert legen, sollten Sie Ihre Farbpalette durch Verwendung von „Teal“ im Bereich zwischen Blau und Gelb erweitern. Folgende Mischrezepte wären dann für Sie von Interesse:

	Farbe	**Gelb** (Yellow)	**Türkis** (Teal)	**E-Wasser**
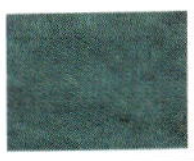	Türkisgrün dunkel	5 ml	25 ml	
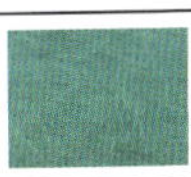	Türkisgrün hell	2 ml	10 ml	18 ml
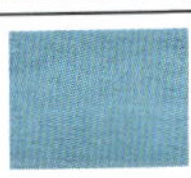	Türkisblau hell		10 ml	20 ml
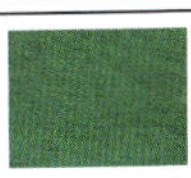	Grün leuchtend	15 ml	15 ml	

? **Wie kann ich Wolle „im Hautton“ einfärben, um Ausgangsmaterial für Gesichter und Hände von Figuren zu erhalten?**

Die hierfür benötigten Töne liegen im Bereich des sehr stark aufgehellten (verdünnten) Brauns, je nach Wunsch mit einer Tendenz zu Rosé, Orange oder Grau. Für solche stark verdünnten und gebrochenen Farben ist es besonders schwierig, genau reproduzierbare Mischrezepte anzugeben, da hier bereits kleine Abweichungen beim Abmessen und Mischen zu deutlichen Veränderungen im entstehenden Farbton führen. Es ist daher am ehesten erfolgversprechend, in diesem Fall „nach Augenschein“ vorzugehen:

Mischen Sie sich zunächst einen Braunton aus einem geeigneten Komplementärfarbenpaar des Farbkreises. Wenn Sie sich Ihre Proben von S. 26 aus Kapitel 8 noch einmal genau ansehen, werden Sie feststellen, dass beispielsweise das Zumischen steigender Anteile von Blau zu Orange bei einem bestimmten Mischungsverhältnis zu einem warmen Rehbraun führt; ein kühleres, gräuliches Braun erhalten Sie durch Zumischen von Magenta zu Grün. Verdünnen Sie im nächsten Schritt Ihren Braunton mit der mehrfachen Menge Essigwasser, je nachdem, wie hell Ihre „Hautfarbe" werden soll. Kontrollieren Sie hierbei jeweils die Zwischenergebnisse Ihrer Farbmisch-Schritte, indem Sie einen Tropfen der Farblösung auf ein weißes Küchenpapier geben. So können Sie sehen, ob die Farbe in Verdünnung und Farbton Ihren Vorstellungen entspricht. Häufig werden Sie während des Verdünnens feststellen, dass auch Ihr Braunton noch einer Korrektur bedarf: gegen einen unerwünschten Grün- oder Violett-Stich helfen wenige Tropfen Orange, ein Tropfen Schwarz macht Ihr Braun gräulicher, etwas Magenta verhilft zu einem rosafarbenen Schimmer.

Versuchen Sie, Ihre Rezeptur schriftlich festzuhalten, damit Sie beim nächsten Mal, wenn Sie diesen Farbton wieder brauchen, einen gewissen Anhaltspunkt haben, aber erwarten Sie hier keine absolute Reproduzierbarkeit! Bei mir ergaben 3 ml Orange, 1 ml Blau und 40 ml Essigwasser einen sandfarbenen, 3 ml Orange, ½ ml Blau und 40 ml Essigwasser einen etwas „rosigeren" Hautton.

Literaturhinweise

Blumenthal, Betsy und Kreider, Kathryn, *Hands on Dyeing*, Interweave Press, Loveland, CO, USA 1988

Itten, Johannes, *Kunst der Farbe*, Verlag Otto Maier, Ravensburg 1961

Küppers, Harald, *Das Grundgesetz der Farbenlehre*, DuMont Buchverlag, Köln 1978

Menz, Deb, *Color in Spinning*, Interweave Press, Loveland, CO, USA 1998

Milner, Ann, *Handbuch der Färbetechniken*, Verlag Paul Haupt, Bern/Stuttgart/Wien 1994

Rolf, Christa, *Grundkurs Stoffe färben*, Augustus Verlag, München 2001

Welsch, Norbert und Liebmann, Claus Chr., *Farben: Natur, Technik, Kunst*, Spektrum Akademischer Verlag, Heidelberg/Berlin 2003

Wells, Kate, *Textilien färben und bedrucken*, Verlag Paul Haupt, Bern/Stuttgart/Wien 1998

Stichwortverzeichnis

Über die Autorin

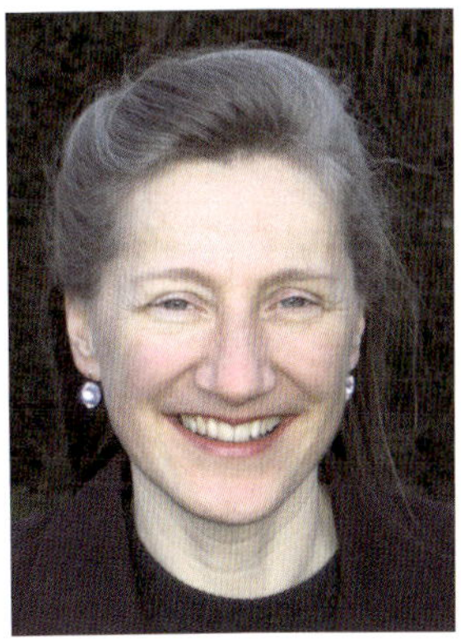

Gabriele Breuer, geboren 1960, von Beruf Apothekerin, entdeckte schon als Kind ihre Liebe zu den Farben und ihre Begeisterung für die unterschiedlichsten textilen Techniken. Seit einigen Jahren gewinnt das Unterrichten für sie immer größere Bedeutung, sei es in zahlreichen Färbekursen im süddeutschen Raum oder insbesondere in Webkursen im Haus der Handweberei in Sindelfingen.

Bezugsquellenhinweise

Wollknoll GmbH
Forsthausstraße 7
74420 Oberrot-Neuhausen
Telefon (0 79 77) 91 02 93
www.wollknoll.eu

Ashford Säurefarbstoffe,
Woll- und Seidenfasern bzw. -stoffe,
Wollgarne, Edeltierhaare

Das Wollschaf
In der Gasse 14
66482 Zweibrücken
Telefon (06337) 99 50 08
www.das-wollschaf.de

Ashford Säurefarbstoffe,
Woll- und Seidenfasern, Edeltierhaare
Garne zum Färben

Die Wollfabrik
Lürriper Str. 373-375
41065 Mönchengladbach
Telefon (02161) 60 30 59
shop.die-wollfabrik.com

Ashford Säurefarbstoffe,
Woll- und Seidenfasern, Edeltierhaare

Wollinchen / Ilonka Gradl
Freihunger Str. 14
92708 Mantel
Telefon (09605) 34 24
www.wollinchen.de

Ashford Säurefarbstoffe,
Woll- und Seidenfasern, Edeltierhaare

Monika Traub GmbH
Gerberstraße 18
73650 Winterbach
Telefon (0 71 81) 70 91 -0
www.wolle-traub.com

Ashford Säurefarbstoffe,
Woll- und Seidenfasern, Edeltierhaare

Spycher-Handwerk AG
Bäch 4
CH-4953 Huttwil
Telefon (0 62) 9 62 11 52
www.spycher-handwerk.ch

Ashford Säurefarbstoffe,
Wolle, Edeltierhaare, Seidenstoffe

Galerie Smend
Mainzer Straße 31
50678 Köln
Telefon (02 21) 31 20 47
www.smend.de

Seiden- und Wollstoffe, Seidenmalbedarf,
Pipetten, Handwaschpaste

Deko Print Strasser e. U.
Markt 71
A-2770 Gutenstein
Telefon (0 26 34) 2 00 13
www.dekoprint.com

Lebensmittelfarben

4. Auflage Oktober 2019

Originalausgabe · Printed in Germany

Satz: Nikolaus Breuer mit LaTeX
Fotos: Nikolaus Breuer
Druck: deVega Medien GmbH, Augsburg
Bindung: Thomas-Buchbinderei GmbH, Augsburg

ISBN 978-3-87512-551-1

Bibliografische Information der Deutschen Nationalbibliothek:
Die Deutsche Nationalbibliothek verzeichnet diese Publikation in der Deutschen Nationalbibliografie; detaillierte bibliografische Daten sind im Internet über http://dnb.d-nb.de abrufbar.